Zu diesem Buch

In seiner zum Bestseller gewordenen Autobiographie «Wie ein Vogel im Aquarium» hatte Daniel Goeudevert selbstkritisch über den Autismus in der Welt der Vorstandsetagen berichtet. Heute fällt sein Urteil noch radikaler aus: An der Spitze der Unternehmen sitzen immer mehr Kostenkiller, die ihre Managementaufgabe eher darin sehen, Kosten zu senken, als neue Marktanteile zu erobern. Man muß nur genügend Leute entlassen, um das gewünschte Ergebnis zu erzielen. «Wenn ein Unternehmen nicht in erster Linie für die Menschen da ist – seien es Beschäftigte oder Kunden –, wozu ist es dann da? In unserer Shareholder-value-Gesellschaft kommt immer erst die Rendite, dann die Moral.»

Goeudevert kritisiert das Tempo des Turbo-Kapitalismus, die «Vollbeschäftigungslüge» und die Politik, die nach dem kleinsten gemeinsamen Nenner statt nach dem großen reformerischen Projekt sucht. Er fordert gesellschaftliche Verantwortung auf seiten der Unternehmer und entwickelt die Umrisse eines humanen, verantwortlichen Kapitalismus im zusammenwachsenden Europa. Er plädiert für eine Kultur geistiger, sozialer und räumlicher Beweglichkeit, um Kreativität und Phantasie und damit Visionen entstehen zu lassen, die wir so dringend brauchen.

Daniel Goeudevert, geboren 1942 in Reims, war Vorstandsvorsitzender der deutschen Ford-Werke und Mitglied des Konzernvorstands von VW. Heute ist er Vizepräsident von FEDRE (Fondation pour l'Économie et le Développement durable des Régions d'Europe) und Berater des Generaldirektors der UNESCO. Seine Autobiographie «Wie ein Vogel im Aquarium» (1996 bei Rowohlt · Berlin bzw. rosach 60440) stand 72 Wochen auf der Bestsellerliste.

Daniel **GOEUDEVERT**

Mit Träumen beginnt die Realität

Aus dem Leben eines Europäers

Rowohlt Taschenbuch Verlag

Veröffentlicht im Rowohlt Taschenbuch
Verlag GmbH, Reinbek bei Hamburg,
September 2000
Copyright © 1999 by Rowohlt · Berlin
Verlag GmbH, Berlin
Lektorat Rüdiger Dammann
Umschlaggestaltung Walter Hellmann
(Foto: Maurice Weiss, Ostkreuz)
Gesamtherstellung Clausen & Bosse, Leck
Printed in Germany
ISBN 3 499 60938 X

Für Gabi

Inhalt

Vorwort

Wenn der Abstieg so manchen Tag in den Schmerz führt, er kann doch auch in der Freude enden. (Albert Camus)

Ich bin ein glücklicher Sisyphos. Mit diesem Bekenntnis endete meine Autobiographie «Wie ein Vogel im Aquarium», in der ich meine europäische Karriere als Manager in der Automobilindustrie beschrieben habe. Und dieses Grundgefühl hat mich seither nicht verlassen.

Wie paßt das zusammen? Kann sich ein Mensch wie Sisyphos, den die Götter dazu verurteilt hatten, unablässig einen Felsblock einen Berg hinaufzuwälzen, von dessen Gipfel der Stein stets wieder hinunterrollt, glücklich nennen? Jemand, dessen unermüdliche Anstrengung, von außen betrachtet, vergeblich, ja unnütz ist? Albert Camus hatte diese Frage in seinem berühmten Buch «Der Mythos von Sisyphos» mit einem klaren «Ja» beantwortet: Die verschwiegene Freude des Sisyphos bestehe darin, daß er sein Schicksal angenommen und den Fels zu seiner Sache gemacht habe.

Und auch meine Antwort auf die Frage, ob man im «Scheitern» glücklich sein kann, lautet: Ja! Ich habe eine märchenhafte Karriere gemacht, bin durch allerlei Umstände den Berg mehr hinaufgeschoben worden, als daß ich ihn erklommen hätte, um dann, fast ganz oben angekommen, den steilen Hang wieder hinunterzurollen. Aber Auf- und Abstieg, das habe ich dabei erfahren, entscheiden nicht über Glück oder Unglück. Es kommt letzten Endes nicht so sehr darauf an, was einer erreicht und wo er steht, sondern was einer tut und warum er es tut.

Ich bin gestolpert – und stolpere auch weiterhin –, und ich bin gescheitert, aber ich habe nicht aufgegeben. Aufzugeben ist schlimm, Scheitern eine notwendige Erfahrung. Jedem, der Verantwortung übernimmt, wünsche ich, ab und zu ein solches Scheitern zu erleben, damit er sich seine Menschlichkeit erhält und gezwungen ist, über sein Tun nachzudenken.

Wie schal und gefährlich Erfolg und Macht sein können, wie sehr man zu verkümmern droht, wenn eine in erster Linie rational und strategisch orientierte «Professionalität» – don't be emotional – die sinnlich-seelische Hälfte des Selbst praktisch zudeckt, habe auch ich erst erkannt, als ich leicht ramponiert am Fuße des Berges lag und verdutzt zum umwölkten Gipfel emporblickte, auf dem ich eben noch gestanden hatte. Die veränderte Perspektive ließ mich zunächst einmal eigene Beschädigungen erkennen. Darüber vor allem, über Aufstieg und Fall, habe ich in meinem letzten Buch berichtet.

Inzwischen sehe ich viele Dinge mit größerer Klarheit, die wachsende Distanz zu meinem Manageralltag entspricht einem Erkenntnisprozeß. Ich versuche nach wie vor, meine Berufs- und Lebenserfahrungen in ein zeitgemäßes Bildungs- und Ausbildungsprojekt einzubringen, und ich stehe immer noch, sei es als Berater oder als Gesprächspartner, mit vielen Vertretern aus Wirtschaft und Politik in regem Kontakt. Über die neuen Erfahrungen und Erkenntnisse, die ich in meiner weiterhin sehr mobilen Existenz gewonnen habe, möchte ich in diesem Buch berichten.

Ich glaube, dies tun zu müssen, weil sich unsere Gesellschaft in einer äußerst kritischen Übergangsphase befindet. Die Wirtschaft hat sich in einen sinnentleerten Geschwindigkeitsrausch hineingesteigert und ein Tempo erreicht, mit dem die Menschen längst nicht mehr Schritt halten können. Das hat zu einer tiefgreifenden Orientierungskrise geführt, deren Symptome sich täglich vervielfachen. Wir hecheln der Entwicklung nur noch hinterher und verlieren in diesem aussichtslosen Wettlauf unser Zutrauen in die eigene Fähigkeit, den Gang der Dinge zu gestalten. Das daraus resultierende Ohnmachtsgefühl hat schon heute ein Ausmaß an Angst geschürt, daß wir selbst auf die positiven Veränderungen, die sich bereits vollziehen und die noch anstehen, phobisch reagieren.

Die vielzitierte «unsichtbare Hand» eines Adam Smith, die sich angeblich schützend über das Marktgeschehen legt und es zum Wohle aller reguliert – weshalb man sie tunlichst gewähren lassen solle –, ist in Wahrheit deshalb unsichtbar, weil der Markt schlicht und ergreifend blind ist. Er nimmt nichts wahr, was außerhalb seiner begrenzten Logik liegt; für ihn zählt nur, was sich auch zählen läßt. Das «Wovon» und «Für wen», das «Warum» und «Wohin» ist ihm gleichgültig; Werte wie Frieden, Freiheit und Gerechtigkeit sind ihm fremd. Damit diese Werte am Ende nicht von der «unsichtbaren Hand» kassiert werden, bedarf es klarer Regeln. Dies scheint inzwischen sogar ein Mann wie George Soros begriffen zu haben, der wie kaum ein zweiter vom Kapitalismus profitiert hat, sich aber jüngst medienwirksam vom Saulus zum Paulus wandelte, um uns wachzurütteln: Die ungezügelten Märkte würden unkalkulierbare Risiken bergen und eine ernste Bedrohung des sozialen Friedens darstellen, weshalb wir schleunigst zur Vernunft kommen und Reformen in Angriff nehmen sollten.

Es kann nie schaden, die Augen zu öffnen. Es ist aber immer besser, selber zu denken. Wir alle müssen deshalb darangehen, uns selbst und andere darüber aufzuklären, was auf uns zukommt. Dazu bedarf es keinerlei seherischer Anmaßung, denn die «Zukunft», die auf uns zukommt, kommt auch irgendwoher, sie hat eine Herkunft: im Heute, im Gestern, im Vorgestern. Je besser wir diese Herkunft kennen, desto klarer zeichnet sich der Horizont ab. Aber Wissen allein genügt nicht. Wir müssen zugleich Vorstellungen davon entwickeln, wie wir das, was auf uns zukommt, gestalten wollen. Und das ist die eigentliche Herausforderung. Hannah Arendt hat einmal gesagt: Der einzige Weg, das Unvorhersehbare zu beeinflussen, besteht darin, Versprechungen zu machen und sie einfach einzuhalten. Anders ausgedrückt: Politik und Wirtschaft – wir alle – müssen Visionen entwickeln *und* sie verwirklichen; wir dürfen nicht mehr nur reagieren, sondern sollten endlich wieder agieren. Mit Träumen beginnt die Realität.

Querdenker und Visionäre, Abweichung und Nonkonformität müssen gefördert werden. Denn der entscheidende Reichtum einer vitalen Gesellschaft sind die utopischen und phantastischen Überschußkapazitäten, die sie freizusetzen imstande ist. Ich halte es daher für einen – leider häufig anzutreffenden – geschichtsblinden Irrtum, zu glauben, Utopien, Visionen, Träume seien folgenlose Hirngespinste. Gerade die Potentiale der Abweichung und der Kritik, des Rückzugs und des Ausbruchs, des Scheiterns und des Irrens verkörpern die Veränderungsfähigkeit einer Gesellschaft. Ohne die Träumereien von Visionären und Utopisten lebten wir heute in einer ganz anderen Realität. Es gäbe keine Opern und keine Schulen, keine Flugzeuge und kein Penicillin, keinen Rechtsstaat und schon gar kein Frauenwahlrecht, wenn Menschen nicht immer und immer wieder etwas gedacht und ausgesprochen und getan hätten, was zuvor noch keiner gedacht oder ausgesprochen oder getan hat.

Auch das neue, sich formierende Europa verdankt sich einstmals utopischen Plänen. Zum Beispiel den Träumereien eines Saint-Simon, der im amerikanischen Unabhängigkeitskrieg mitgekämpft und dabei die Grundlage für ein «unvergleichlich liberaleres und demokratischeres System», als es damals in Europa üblich war, entdeckt zu haben glaubte. In einer Denkschrift «Über die Reorganisation der europäischen Gesellschaft» schrieb Saint-Simon daraufhin im Jahre 1814: «Europa hätte die bestmögliche Organisation, wenn alle ihm angehörenden Nationen von Parlamenten regiert würden und wenn diese ein übergeordnetes gemeinsames Parlament anerkennen würden, das die Macht hätte, Meinungsverschiedenheiten beizulegen.»

Heute, mehr als 185 Jahre später, befinden wir uns auf bestem Wege, aus Saint-Simons Traum Realität werden zu lassen. Doch je näher das Ziel rückt, desto weniger scheinen wir es uns zu eigen zu machen. Kaum jemand weiß oder will wissen, was da ganz konkret auf uns zukommt, welche

Veränderungen hinter dieser einen Veränderung anstehen. An vielen französischen Bahnübergängen steht auf einem Hinweisschild, was man in diesem Zusammenhang fast schon als philosophische Mahnung deuten könnte: «un train peut en cacher un autre», ein Zug kann einen anderen verbergen. Das heißt, man sollte immer mit mindestens zwei Gefahren rechnen, oder positiv formuliert: Eine Veränderung kommt nie allein; die Oberfläche formaler Neuerungen – etwa eine einheitliche Währung oder eine einheitliche Gesetzgebung – darf nicht davon ablenken, die dadurch im «Hintergrund» erforderlichen Umstellungen und Anpassungen wahrzunehmen.

Da ich, mehr zufällig und ohne daß ich mir dessen wirklich bewußt war, einen Lebensweg genommen habe und weiterhin nehme, wie ihn viele Menschen im künftigen Europa beschreiten werden, möchte ich die anstehenden Veränderungsprozesse hier etwas genauer ausmalen. Ich werde zunächst einmal von meinen eigenen Erfahrungen erzählen und später daran anknüpfende Überlegungen anschließen.

Die mir weniger geneigten Leserinnen und Leser mögen nun aufstöhnen: Ausgerechnet der Goeudevert, dieser Exmanager! Will uns erzählen, was er aus seinem Chefsessel heraus erkannt zu haben glaubt! Der führt doch ein ganz anderes Leben als wir! Leute wie ihn werden doch die einschneidendsten Veränderungen gerade nicht betreffen! – Ich muß und will mich, was solche Vorbehalte angeht, an den Beobachtungen und Vorschlägen messen lassen, wie ich sie hier zu Papier gebracht habe. Darin besteht ja nicht zuletzt der Sinn einer Ver-Öffentlichung. Zumindest der letztgenannte mögliche Vorbehalt aber, Besserverdienende und Führungskräfte blieben von Zumutungen verschont, ist in meinen Augen ein Irrtum. In mancherlei Hinsicht dürfte sogar das Gegenteil der Fall sein.

Mir ist natürlich bewußt, daß meine Karriere kein Muster abgeben kann. Aber die geistige, soziale und räumliche Mobilität, die sie mir und meiner Familie abforderte, ist sozusagen zukunftsweisend. Daß das nicht nur Chancen und Möglichkeiten eröffnet, sondern auch Risiken birgt, liegt auf der Hand. Gerade deshalb ist es so wichtig, Augen und Ohren zu öffnen und sich rechtzeitig mit den künftigen Lebens- und Arbeitsformen auseinanderzusetzen. Nicht nur, um sich darauf vorzubereiten, sondern vor allem, um gestaltend Einfluß zu nehmen. Denn wenn wir keine Rahmenbedingungen entwerfen, die den Übergang regulieren und die unvermeidlichen Risiken kalkulierbar machen, würden wir uns dem zerstörerischen Selbstlauf einer enthemmten Wirtschaft ergeben, den aufzuhalten und in kontrollierte Bahnen zu lenken vielleicht die wichtigste Aufgabe der Gegenwart ist.

Wissenschaftler haben kürzlich herausgefunden, daß sich die Erde heute schneller dreht als noch vor hundert Jahren. Schuld daran seien, wer sonst, wir Menschen, weil wir so viel Wasser an die Erdoberfläche holen und damit die Zentrifugalkraft der Erdkugel erhöhen. Doch keine Sorge. Physikalisch und ökologisch sei das, so die Wissenschaftler, kein Problem, schließlich handele es sich hierbei nur um ein paar Sekundenbruchteile. Aber es ist eine schöne, wenn auch beunruhigende Metapher: Die Welt dreht sich zu schnell – und sie beschleunigt weiter. Nicht daß sie sich dreht, ist bekanntlich das Problem, im Gegenteil. Ebensowenig sind der Kapitalismus und seine Veränderungen das Problem. Es ist vielmehr die Geschwindigkeit des Wandels, der wir immer weniger gewachsen sind und die eine Eigendynamik entfaltet, die uns zu Zauberlehrlingen zu machen droht.

Wollen wir uns aber unseren eigenen Erfindungen, den Geistern, die wir riefen, nicht ausliefern, müssen wir versuchen, das Ganze zu verstehen und lernen, mit der Komplexität umzugehen. Nicht Experten sind gefragt, die einzelne Symptome kurieren können, sondern Menschen mit Weit- und Überblick, die bei allem, was sie tun oder vorschlagen, in Rechnung stellen, daß Gesellschaft, Politik, Kultur und Wirtschaft untrennbar miteinander verbunden sind, also tunlichst in Gleichklang gebracht werden müssen.

Die nicht abreißende Kette weltweiter Krisen, seien es ökologische (Wassermangel, Klimaschäden), politische (wie im Nahen Osten oder im ehemaligen Jugoslawien), soziale (Armut) oder wirtschaftliche (von der Arbeitslosigkeit bis zur Asienkrise), hat inzwischen immerhin das Wissen um diese übergreifenden Zusammenhänge vermehrt und unser Bewußtsein geschärft. Offenbar werden wir immer erst aus Schaden klug.

Sollte es mir hier gelingen, dieses Bewußtsein nur ein wenig zu verfestigen, bliebe ich auch weiterhin ein glücklicher Sisyphos.

Einleitung: Scheidewege

Eine europäische Karriere

Es ist gut, Dinge zu sammeln, aber es ist besser,
spazierenzugehen. (Anatole France)

Wie oft ich in meinem Leben umgezogen bin, weiß ich schon nicht mehr. Mehrmals habe ich den Arbeitsplatz gewechselt, mußte ich mich mit neuen Aufgaben, einer anderen Stadt, einem anderen Land vertraut machen. Meine Karriere hat als kleiner Citroën-Verkäufer in Paris begonnen und führte mich zuletzt bis in den Vorstand von Volkswagen in Wolfsburg. Dazwischen lagen andere Stationen, andere Orte, andere Firmen.

Und mehrmals mußte nicht nur ich, sondern meine ganze Familie die mit einem Ortswechsel verbundenen Veränderungen mitmachen – den Goeudevert-Wanderzirkus nannten wir uns. Die Zelte, der Schutz, waren wir selbst und unsere Zuneigung füreinander. Aber das unstete Leben und die mit jedem Wechsel steigenden beruflichen Anforderungen hatten selbstverständlich ihren Preis.

Für eine Ehe, zu der bekanntlich – wie Kurt Tucholsky einmal so schön gesagt hat – mehr als nur vier nackte Beine im Bett gehören, ist ein solches Zirkusleben eine kaum zu bestehende Prüfung. Man ist selbst so angespannt und eingespannt in der Bewältigung des neuen

Jobs, daß für den Alltag, für das Familienleben kaum noch Raum bleibt. Wenn man abends nach Hause kommt, den ganzen Tag zugehört, aufgenommen und verarbeitet hat, möchte man häufig nichts anderes als Ruhe. Ein seelisches und emotionales Engagement, wie es für eine normale Ehe selbstverständlich sein sollte, kommt dabei zu kurz. Das heißt, man ist akut in Gefahr, nicht mit-, sondern nur mehr nebeneinander zu leben. Und noch bevor man es merkt, ist es möglicherweise schon zu spät.

In einer kürzlich durchgeführten Befragung von Topmanagern erklärten 70 Prozent unter ihnen, daß sie mit ihrer Ehe zufrieden seien. Die Trennungsquote in derselben Gruppe allerdings spricht eine deutlich andere Sprache: Mehr als 50 Prozent der Ehen werden geschieden. Das deutet darauf hin, daß sich die meisten Manager in Wahrheit gar keine Gedanken über die Beziehung machen. Ihr im Beruf so wichtiges Sensorium scheint zu Hause zu versagen. Es schlägt häufig erst Alarm, wenn der Graben zwischen den Partnern bereits nicht mehr zu überbrücken ist.

Ein guter Zuhörer zu sein, Verstimmungen und Verhärtungen aufzulösen, andere ernst zu nehmen und auf sie einzugehen: das sind in meinen Augen zwar unverzichtbare Fähigkeiten eines guten Managers, sie erschöpfen sich aber allzuoft im Berufsalltag. Und obwohl die Ehepartnerin und die Kinder einen mindestens ebenso großen Anspruch auf Aufmerksamkeit haben wie die Mitarbeiter in der Firma, werden sie ein ums andere Mal auf die Ferien vertröstet. Das ist ein ernstes Problem, das auch ich lange nicht erkannt habe, und das auch ich, nachdem ich es erkannt hatte, nicht befriedigend lösen konnte. Um so mehr bin ich meiner Familie dankbar, daß sie es so lange mit mir ausgehalten hat.

Erst spät, viel zu spät, ist mir darüber hinaus klargeworden, daß meine Frau und meine Kinder nicht nur zuwenig Zuwendung von mir erhalten haben. Es ist mir außerdem nicht gelungen, zu vermeiden – ich bin allerdings gar nicht sicher, ob das tatsächlich vermeidbar ist –, daß der Berufsalltag und ein professioneller Umgangston mein privates, familiäres Verhalten durch und durch imprägnierten. Ich habe das überhaupt erst realisiert, als mir meine älteste – und zu jenem Zeitpunkt bereits erwachsene – Tochter Isabell eines Tages den Kopf wusch.

Kurz nach meinem Abschied von VW war ich mit meiner Tochter zum Ausspannen und Abnehmen – ich habe das hin und wieder nötig – an den Bodensee gefahren. Wir hatten uns vorher einige Zeit nicht gesehen und also viel zu erzählen. Eines Tages, während eines Spaziergangs, geraten wir in Streit, es wird laut, Isabell läßt mich stehen und verschwindet auf ihr Zimmer. Ich, noch ganz Vorstand, empfinde ihr Verhalten als respektlos und unverschämt. Glücklicherweise überwinde ich meinen Chefetagenstolz, gehe zu ihr und frage sie, ob wir unsere Unterhaltung nicht in Ruhe fortsetzen können. Möglicherweise habe sie mich falsch verstanden oder ich mich falsch ausgedrückt. Das darauf folgende Gespräch hat mir dann schmerzhaft die Augen geöffnet. Isabell brachte es auf den Punkt: Papa, ich bin deine Tochter, wenn du mich verstehen und mir helfen willst, darfst du mich nicht wie einen Untergebenen behandeln. Du machst Zielvorgaben und erteilst Aufträge, und erwartest dann von mir Berichterstattung und Erfolgsmeldung. So geht das nicht. Du bist nicht mein Boß, du bist mein Vater.

Ich muß zugeben, daß sie verdammt recht hatte. Und ich mußte mir eingestehen, daß dies alles andere als ein einmaliger Ausrutscher war. Es ist vermutlich für jeden «Arbeitgeber» nicht immer einfach, der Gefahr zu widerstehen, seine Kinder wie Kollegen, Kunden, Untergebene zu behandeln. Für mich kann ich heute sicher sagen, daß ich die eigene Welt meiner Kinder, ihre Bedürfnisse und Sorgen zu sehr aus dem Blick verloren hatte. Und zwar schon früh. Denn auch für sie war ein Umzug ja alles andere als leicht. Und wir sind, wie gesagt, oft umgezogen. Wenn sie die Schule wechselten, mußten sie jedesmal Abschiede bewältigen, sich vom Bekannten trennen, von Schulwegen, an denen sie jeden Baum und jede Hauseinfahrt kannten, von Freunden, mit denen sie gespielt, Geheimnisse geteilt und Geburtstag gefeiert hatten. Sie kamen in ein neues Haus, bekamen ein neues Kinderzimmer, mußten sich auf neue Lehrer einstellen und sogar eine neue Sprache lernen.

Ich erinnere mich, daß sie ihre Verunsicherung einmal auf anrührende Weise demonstrierten. An ihrem ersten Schultag in einer neuen Schule nahmen sie den ihnen zugewiesenen Platz in der Klasse ein, weigerten sich aber, ihre Mäntel auszuziehen. Sie fühlten sich fremd und trauten dem neuen Ort und den neuen Gesichtern nicht. Wie Flüchtlingskinder waren sie auf einen erneuten Aufbruch gefaßt, als rechneten sie damit, gleich wieder an einen anderen Ort verschoben zu werden.

Als ich von dem Zwischenfall erfuhr, machte ich mir natürlich auch damals schon Sorgen um die emotionale Stabilität meiner Kinder. Und Vorwürfe. Im Laufe der Zeit bemerkte ich aber, wieviel sicherer sie wurden und wie es ihnen immer leichter fiel, sich wechselnden Gegebenheiten anzupassen und offen auf andere zuzugehen. Wir zogen wieder um, und es gab sogar eine Art Vorfreude, eine gespannte Erwartung: Wo werden wir wohnen, wie werden die Nachbarn sein, wie die neuen Klassenkameraden? Ähnliche Fragen, wie auch ich sie mir stellte: Wie werden die neuen Kollegen sein, wem wird man vertrauen, mit wem wird man essen gehen und über Sport, Ökonomie oder Literatur sprechen können?

Ohne daß es mir oder uns damals bewußt war, haben wir die ganze Zeit mit unserem Wanderzirkus, mit unserer mobilen Lebensform als kleine Gruppe etwas verkörpert, was in naher Zukunft für viele Menschen in ganz Europa gelten wird: das Prinzip Beweglichkeit. Das neue Europa, das Euro-Europa, in dem die meisten Menschen wieder Arbeit und damit ein erfülltes Leben finden sollen, ist anders nicht denkbar. Viele Menschen werden sich bewegen müssen. Viele Familien, Paare und Alleinlebende werden flexibel reagieren müssen auf die Arbeitsmärkte der Zukunft. Beweglichkeit, das Wechseln von Sprachräumen, Wohnorten, Arbeitsplätzen, Berufen, wird Teil der neuen Kultur des Kapitalismus in Europa werden. Umzüge, neue Schulen, neue Nachbarn, das Lösen und Neuknüpfen von Freundschaften und Bindungen, das Erlernen neuer Fähigkeiten, ein lebenslanger Bildungsprozeß – all das wird für uns selbstverständlich werden müssen. Man ist nicht dort daheim, wo man seinen Wohnsitz hat, sondern wo man verstanden wird.

Mir ist dabei völlig bewußt, für nicht wenige von uns ist eine solche Lebensform geradezu eine Horrorvision. Sie widerspricht so vielem, was uns lieb und teuer ist: Verwurzelung, feste Bindungen, Sicherheit, Vertrautheit, Beständigkeit. Aber all das, ich kann aus eigener Erfahrung sprechen, geht mit zunehmender Mobilität nicht notwendig verloren. Jeder, der schon einmal, zum Beispiel aus beruflichen Gründen, einen Ortswechsel vollzogen hat, weiß, daß den damit verbundenen Verlusten und Nachteilen Vorteile und Gewinne entgegenstehen. Wie die individuelle Bilanz am Ende ausfällt, hängt entscheidend von den Begleitumständen ab.

Und diese Rahmenbedingungen sind, ganz allgemein gesagt, noch alles andere als günstig. Es mangelt ja schon am wesentlichen: an Toleranz und gegenseitiger Akzeptanz, an Neugier. Das Ausmaß und die Beständigkeit von Vorurteilen, Stereotypen und Klischees hingegen sind unfaßbar. Ein Beispiel: Eine meiner Nichten lebt mit ihrer deutschen Mutter in Belfort in Lothringen. Es ist klar, daß sie in der Schule im Fach Deutsch gegenüber ihren französischsprachigen Mitschülern einen unaufholbaren Vorsprung hat. Ob aus diesem Grund oder warum auch immer, jedenfalls wird dieses elfjährige Mädchen von den anderen Kindern regelmäßig als «toi, la boche» beschimpft – das war die abfällige, haßerfüllte Bezeichnung für die deutschen Soldaten im Ersten Weltkrieg. Es ist unglaublich. Wir schreiben das Jahr 1999, die Eltern der anderen Kinder dürften irgendwann in den sechziger Jahren geboren sein, als die deutsch-französische Freundschaft schon lange besiegelt und die entscheidenden Etappen auf dem Weg in die europäische Integration bereits genommen waren. Man sollte meinen, daß die alten Feindbilder ihr Haltbarkeitsdatum doch längst überschritten haben. Sie rumoren aber immer noch in den Köpfen und pflanzen sich, so scheint es, von Generation zu Generation fort. Freundschaftliche Gesten wie etwa das spektakuläre Hand-in-Hand von Kohl und Mitterrand in Verdun sind zwar wichtige Zeichen für ein gewachsenes Verständnis und Zusammengehörigkeitsgefühl, bleiben aber offensichtlich ohne Folgen auf die Einstellungen und Attitüden im Alltag beider Länder.

Als eine große deutsche Zeitschrift vor einigen Monaten ausländische Jugendliche nach ihrem Deutschlandbild befragte, kamen fast ausschließlich die allbekannten, die schlichtesten Klischees zum Vorschein: «Die Deutschen trinken viel Bier, tragen Lederhosen, sind meistens blond und blauäugig.» – «Wenn ich an Deutschland denke, denke ich an Adolf Hitler, den Schwarzwald, Schloß Neu-Schwanstein, BMW, Fußball und an die alten Germanen – und natürlich an Mozartkugeln, aber die sollen recht teuer sein.»

Wie aber kommen junge Menschen am Ende des 20. Jahrhunderts zu solchen, scheinbar festgefügten Bildern? Geht man dieser Frage nach, stellt man überrascht fest, daß die Kinder solche Images nicht nur von unbelehrbaren Eltern oder Großeltern erben, daß ihre Meinung nicht nur von überzogenen Werbebotschaften und noch weniger von politischen Nationalismen geprägt wird, sondern daß ihr «klares Werturteil» häufig sogar eine «offizielle» Förderung erfährt. Sie können sich beispielsweise auf ein Langenscheidt-Lehrbuch berufen, das im Sprachunterricht an französischen Schulen gebräuchlich ist und die «Haupteigenschaften» der Deutschen mundgerecht auflistet: «schwerfällig, fleißig, anmaßend, tapfer, intolerant, phantasielos, unberechenbar, kleinlich, humorlos, streitsüchtig, kultiviert und undemokratisch». Der Deutsche schimpft nicht, er ärgert sich, der Deutsche weint nicht, er schämt sich, die Deutschen essen nicht, sie ernähren sich, die Deutschen genießen nicht, sie plagen sich.

So steht es in einem Buch, und zwar nicht in irgendeinem, sondern in einem mit Autorität ausgestatteten Lehrbuch. Ich will an dieser Stelle allerdings nicht unerwähnt lassen, daß es im Bereich der didaktischen Literatur durchaus neue Entwicklungen gibt, die mich hoffnungsfroh stimmen. So werden beispielsweise die Leser der jüngsten Ausgabe eines «Lehrwerks für Deutsch als Fremdsprache», übrigens ebenfalls aus dem Langenscheidt-Verlag, unter anderem anhand eines Goeudevert-Textes an die deutsche Sprache herangeführt. Auf sechs Seiten wird darin der Text eines Interviews dekliniert und analysiert, das ich einmal einem Schweizer Radiosender gegeben habe. Ich finde das mehr als nur amüsant. Es ist ein Schritt in Richtung Europa, wenn einem Nichtdeutschen die deutsche Sprache nicht nur am Beispiel von Goethe und Schiller, sondern auch am Beispiel eines nichtdeutschen Zeitgenossen nahegebracht wird.

Aber das sind erst zarte Anfänge. Die europäische Realität wird bislang eindeutig durch das andere geprägt. Insofern darf man sich über befremdliche Äußerungen und Verhaltensweisen zwar sorgen, aber nicht wundern – jedenfalls solange wir diese Realität nicht verändert haben. Wie schwer das ist, weiß ich aus leider vielfältiger Erfahrung. Ich erteile deshalb hin und wieder bescheidene Lektionen in deutsch-französischer Versöhnung, die mir großen Spaß machen: Als ich einmal mit meiner Frau und Exvorstandswagen mit deutschem Kennzeichen in meiner Vaterstadt Reims unterwegs war, hatte ich *meine* europäische Sternstunde.

Beim Einparken fuhr ich offenbar so dicht auf den Vorderwagen auf, daß dessen Besitzer das Ausparken schwerfallen würde. Denn noch während wir im Auto saßen, kam der Fahrer zurück und begann sofort zu schimpfen. Er warf einen kurzen Blick auf unser Nummernschild und nannte mich darauf nicht etwa «Blöder Kerl», sondern «un chleuh» – ein uraltes, aber unübersetzbares Schimpfwort für die einst verhaßten Deutschen. Ich könne nicht einparken, weil ich ein Deutscher sei. Das war der Augenblick für meinen Auftritt europäischer Prägung. Ich verließ den Wagen und entfaltete meinen Körper – immerhin ein Meter und 92 Zentimeter. Jedermann hält mich für einen Deutschen, gegebenenfalls für einen holländischen Metzger, nur nicht für einen Franzosen. Der Überraschungseffekt war auf meiner Seite und bestand zunächst darin, daß dieser «Deutsche» in gestrengem Französisch zurückschimpfte. In gespieltem Zorn fragte ich den jungen Mann, ob er eigentlich wisse, in welches Jahrhundert das Wort gehöre, das er eben in den Mund genommen habe. Dieser Attacke war er nicht gewachsen. Er bekam einen roten Kopf, dem ich fünf Minuten lang eine zeitgeschichtliche Lektion erteilte, und ich zum Dank von meiner Frau einen dicken Kuß.

Sicher, das ist ein Tropfen auf den heißen Stein. Aber hier fängt es an, im ganz Kleinen. Wir sind noch so weit vom Ziel entfernt, und es ist noch so viel zu tun, daß jeder noch so winzige Schritt notwendig ist. Es mag altmodisch klingen, aber unsere erste Aufgabe besteht in meinen Augen nach wie vor darin, Dumm-, Holz- und andere Köpfe von ihren Vorurteilen gegenüber Fremden zu befreien. Wenn jeder nur hofft, daß die anderen aufpassen, bleibt alles beim alten. Und das führt dann beispielsweise dazu, daß Kinder in einer fremden Umgebung vorsichtshalber die Mäntel anbehalten. Man kann ja nie wissen.

Als sich meine Kinder in der neuen Schule nicht trauten, die Mäntel abzulegen, waren sie verängstigt. Lehrer und Mitschüler hatten ihnen – womöglich nicht zum ersten Mal – offenbar deutlich gemacht: Ihr seid hier neu und fremd, wir nehmen euch nicht vorbehaltlos auf, ihr müßt erst einmal beweisen, daß ihr es wert seid, dazuzugehören. Sie selbst werden gefühlt, gehört und gesehen haben: Hier ist alles anders, die Leute um uns herum sprechen eine andere Sprache, die Tafel ist nicht schwarz, sondern grün, auf dem Schulhof gelten andere Regeln, die Kinder sind anders gekleidet, sie spielen in der Pause Fußball statt Karten oder Karten statt Fußball, es riecht anders. Es herrschte keine aufnehmende, sicher auch keine offen abweisende, sondern eine abwartende Atmosphäre, die aber den Streß und die Last des Neuen allein denen aufbürdet, die von außen hinzukommen.

Das ist auch erklärlich. Denn nur wenige der anderen Kinder konnten sich in die Neuankömmlinge hineinversetzen, nur wenige wußten aus eigener Erfahrung, was es heißt, an einem neuen Ort heimisch werden zu müssen. Meine Kinder waren, zu diesem Zeitpunkt und in dieser Situation, Opfer einer Art politisch-wirtschaftlicher Frühreife ihrer beweglichen Eltern. Sie kamen in eine Klasse überwiegend «unbeweglicher» Kinder. Wenn Gorbatschows berühmter Satz «Wer zu spät kommt, den bestraft das Leben» für den Umbau der östlichen Ökonomien zutraf, so galt seine Umkehrung für das, was meine Kinder damals erlebten: Wer zu früh kommt, den bestraft das Leben. Sie kamen zu früh und mußten mühsam und ohne Anleitung lernen, was es bedeutet und wie man es aushält, «mobil» zu sein.

An einer europäischen Schule, wie sie die Zunkunft benötigt und wie wir sie ohne Zweifel werden einrichten müssen, wäre das den Kindern nicht passiert. Sie hätten ihre Mäntel unbefangen abgelegt, und man wäre offen auf sie zugegangen, denn um sie herum hätte fast jedes Kind schon einmal die Erfahrung des Neuankommens durchlebt. Sie wären morgens mit Zuversicht und Neugier in die neue Umgebung aufgebrochen und würden einen fremdartigen Geruch auf den Schulfluren ihrer schon vertrauten Erfahrung hinzufügen. Die neuen Eindrücke wären eine Bereicherung und nicht die sinnlich wahrnehmbaren Zutaten eines als unangenehm empfundenen Fremdseins, die sich unauslöschlich mit diesem verknüpfen.

Daß wir von einer solchen Ausgangssituation noch weit

entfernt sind, dürfte hinlänglich bekannt sein. Wie schnell wir aber fähig werden, diese Distanz zu überbrücken und mit unserer europäischen Kreativität die angemessenen Rahmenbedingungen zu schaffen, das liegt jetzt einzig und allein bei uns. Denn anders als etwa beim Aufbau der nordamerikanischen Melting-pot-Gesellschaft, die durch eine Serie von Kämpfen und Zufällen entstand, kann Europa viele Weichen bewußt stellen. Wir können heute die künftige Entwicklung verläßlicher prognostizieren, als das in den frisch gegründeten USA möglich war. Und diese Fähigkeit vorauszublicken gehört zu den großen Chancen von Europa. Sie nicht zu nutzen wäre Wahnsinn.

Wir müssen uns deshalb darüber klarwerden, was wir wollen und wie wir es wollen. Und wir haben nur sehr wenig Zeit, uns darüber klarzuwerden. Denn die Welt dreht sich, wie gesagt, immer schneller. Dabei dürfen wir, und das halte ich für einen entscheidenden Punkt, gar nicht erst den Versuch machen, uns durch allerlei Fitneß-, Verschlankungs- und Rationalisierungsprogramme in die Lage zu versetzen, dem mörderischen Tempo gewachsen zu sein. Wir müssen vielmehr lernen, nicht eine vorgegebene Geschwindigkeit zu erreichen, sondern die Geschwindigkeit selbst zu diktieren. Sonst schnappt die Beschleunigungsfalle zu.

In der Beschleunigungsfalle

*Daß die Welt bloß eine physische, keine
moralische Bedeutung habe, ist der größte, der
verderblichste, der fundamentalste Irrtum, die
eigentliche Perversität der Gesinnung, und ist
wohl im Grunde auch das, was der Glaube als
den Antichrist personifiziert hat.*
(Arthur Schopenhauer)

D as Typischste an unserer Zeit ist, daß alles in Fluß ist,
was unser Leben ausmacht. Der wirtschaftliche und
wissenschaftliche Fortschritt stürmt so vehement voran,
daß die Kultur oft nur noch ohnmächtig hinterhertappt.
Und wo sie mit dem Tempo mitzuhalten versucht, wie
zum Beispiel im Schlagerwesen, verkommt sie zu völliger
Plattheit. So fieberhaft ist die Eile unseres Fortschritts,
daß wir ihm kaum noch folgen, geschweige denn seine
«Segnungen» genießen können. Unrast ist der Tribut moderner Wissenschaft und Technik. Unrast hat auch in der
Kultur und, wie ich am eigenen Beispiel beschrieben
habe, im Leben jedes einzelnen Platz gegriffen.

Hinzu kommt eine wachsende Ungeduld, die offenbar
durch keine Vernunft zu bändigen ist. Mehr als zwei Millionen Haushalte im reichen Deutschland sind bereits
hoffnungslos überschuldet. Das ist doch paradox. Man
sollte meinen, daß sich die den Menschen sicher ange-
borene Ungeduld mit zunehmendem Wohlstand und stetig wachsenden Konsummöglichkeiten beruhigen müßte.
Doch das Gegenteil ist der Fall. Je schneller alles geht,

desto ungeduldiger scheinen die Menschen zu werden. Als seien sie sich ihres Lebens oder zumindest ihrer Zukunft überhaupt nicht mehr sicher und würden nun versuchen, sich über den Gebrauch und Besitz von Waren und Leistungen allzu flüchtige Vergewisserungen zu verschaffen. Doch das ist ein Teufelskreis.

Unsere Welt ist von einer beispiellosen Beschleunigung erfaßt worden: die Ware herrscht universell, die Produktion, die Bevölkerungen und die Bedürfnisse wachsen, Informationen, Produkte, Menschen und Kapital zirkulieren, die technischen Systeme werden immer leistungsfähiger, der Ressourcenverbrauch und die Abfälle nehmen rapide zu. Nur unsere Fähigkeiten, das alles zu verarbeiten, scheinen zu stagnieren. Wir kommen nicht mehr mit, können der Entwicklung, die wir doch selbst vorantreiben, nicht mehr folgen.

Im 19. und 20. Jahrhundert hat die Menschheit den Raum zu beherrschen gelernt. Durch die explosionsartige Entwicklung der Verkehrs- und Informationstechnik wurden die natürlichen Einschränkungen individueller Mobilität weitgehend aufgehoben. Inzwischen ist die Bewegung meines Körpers gar nicht mehr nötig, wenn ich eine andere Realität sehen oder woanders agieren will; die alte Einheit von Ort und Aktion ist zerbrochen. Die damit einhergehende Vervielfältigung unserer Freiheitsräume und Handlungsmöglichkeiten, die ich durchaus als Fortschritt werte, hat aber zwangsläufig tiefe Verunsicherungen zur Folge: Wir sind plötzlich, in einem vor zwei Generationen noch unerdenklichen Ausmaß, mit Menschen und Kulturen, Produkten und Märkten konfrontiert, die wir nicht kennen, über die wir so wenig wissen, daß wir die Konsequenzen unserer Handlungen nicht mehr abschätzen können.

Das heißt aber, all die Informationen, über die wir «just in time» verfügen können, sind kaum mehr als Bilder und Töne. Besessen von dem Wahn, alles sichtbar und hörbar zu machen, keinen Augenblick der Informationslosigkeit entstehen zu lassen, das Fernste in die Nähe und das Nahe in emotionale Ferne zu rücken, drohen wir jeden Halt und jede Übersicht zu verlieren. Die Mediengesellschaft setzt zwar alles und jeden, wie es im Deutschen so schön heißt, ins Bild, wir können immer mehr wissen, verstehen aber immer weniger, weil uns eine sinnvolle Verknüpfung all der Meldungen, oder ihre Verarbeitung, überfordert. Kosovo, Nahost, Honduras, Indonesien – Hunger hier, Überschwemmung da, Krieg dort: Wofür soll ich mich warum engagieren? Dabei ist es keineswegs so, daß wir gleichgültig reagieren, aber es findet keine Mobilisierung mehr statt. Die Reaktionen sind zumeist ephemer, vergänglich. Was bleibt, ist ein mehr oder weniger diffuses Unbehagen, das wir gern überwinden möchten, aber noch nicht recht wissen, wie.

Und noch bevor wir diese Informationsflut ausreichend bewältigen und eine entsprechende Weltoffenheit ausbilden konnten – wozu wir zweifellos auf dem Weg sind –, stehen wir vor einer neuen, noch viel größeren Herausforderung. Denn in dem Maße, in dem sich das «Hier» im «Überall» oder «Nirgendwo» (Utopie) auflöst, droht auch das «Jetzt» im «Jederzeit» oder «Niemals» (Uchronie) zu verschwinden. Immer mehr Menschen haben den Eindruck, daß die «Zeit» an ihnen vorbeizieht, ihnen durch die Finger rinnt, daß der Lauf der Zeit und der Lauf des Lebens nicht mehr synchron sind. Dieses Empfinden ähnelt einer aus dem Kino bekannten optischen Täuschung: Ein Auto oder, weil deutlicher sichtbar, eine Kutsche fährt vorwärts, aber wenn wir auf die Räder schauen, sieht es so aus, als würden die sich rückwärts drehen. Das ist eigentlich unser Schicksal heute: Wir wissen, daß wir uns zeitlich nur vorwärts bewegen können, haben aber das unbehagliche Gefühl von Stillstand oder Rückschritt.

Noch nie haben die Menschen, mitsamt ihren technischen Schöpfungen und ökonomischen Leistungen, eine derart intensive Aktivität entfaltet wie heutzutage. Und je mehr diese Intensität zunimmt, desto stärker verkrümmen sich sozusagen Raum und Zeit und verschmelzen zu einer unbenennbaren Einheit. Wir kreieren eine Art «schwarzes Loch», in das wir am Ende selbst hineingezogen zu werden drohen.

Kurzum, ich halte die Veränderung des Faktors Zeit bzw. die Veränderung unseres Zeitempfindens für eines der wichtigsten und schwierigsten Themen der Gegenwart. Man möge mir deshalb meinen philosophischen Eifer nachsehen, den ich in der Folge zu zügeln versuche. Denn um das Phänomen «Zeit» theoretisch und gedanklich auszuleuchten, gibt es zweifellos Berufenere als mich. Aber auch ich komme nicht darum herum, hierzu einige Gedanken zu äußern, wenn ich die Folgen unseres Geschwindigkeitsrauschs beschreiben will.

Standen also das 19. und 20. Jahrhundert im Zeichen der Beherrschung des Raumes, so geht es an der Schwelle zum 21. Jahrhundert um die Frage der Zeit. Als biologische Wesen haben wir notwendig ein lineares Zeitverständnis. Unser Leben verläuft in einem kontinuierlichen Prozeß mit einem natürlichen Anfang und einem natürlichen Endpunkt. Vergangenheit, Gegenwart und Zukunft sind in jeder persönlichen Lebensgeschichte miteinander verbunden. Diese Verbindungen werden aber in einer sich permanent wandelnden, routinelosen und auf den kurzfristigen Erfolg fixierten Gesellschaft zunehmend gekappt. Die eigene Biographie erscheint nicht mehr als ein langer ruhiger Fluß, sondern als ein unter Umständen lückenhaftes Gewebe aus vielen einzelnen Bächen, die sich eigensinnig ihren Weg bahnen und gegenüber ihrem Ursprung und ihrer Mündung gleichgültig sind.

Wer aber Herkunft, Richtung und Ziel nicht mehr benennen kann, ist im buchstäblichen Sinne orientierungslos. Und tatsächlich denke ich, daß die meisten Probleme, denen wir uns gegenübersehen, ihren Ursprung nicht etwa in einer Wirtschafts- oder Arbeitsmarktkrise haben, sondern aus einer Orientierungskrise resultieren. Und diese Orientierungskrise wiederum ist deshalb entstanden, weil sich die Welt, wie ich oben schon einmal bemerkt habe, zu schnell dreht, weil die Veränderungsprozesse eine Geschwindigkeit erreicht haben, die uns überfordert.

Das gilt individuell ebenso wie sozial, kulturell, politisch oder ökonomisch. Denn da auch die gesellschaftlichen Ausgangsbedingungen, um mit der globalisierten Wirtschaft und der wissenschaftlich-technischen Entwicklung Schritt halten zu können, äußerst unterschiedlich sind, kommt es zwangsläufig zu Ungleichzeitigkeiten und Ungleichgewichten. Immer mehr Nahtstellen werden zu Schnittstellen. Anstatt daß sich die Wirtschaft als Ferment für die Verbindung von Kulturen erweist, ist sie zu einem trennenden Element geworden. Schon heute durchzieht ein ganzes Gewebe von Rissen die Gesellschaften, sowohl national als auch international.

Um die Komplexität der Situation zu verdeutlichen, greife ich gern auf ein anschauliches Bild zurück, das von Manfred Max Naef, einem Mitglied des Club of Rome, stammt: Stellen wir uns die Welt als einen kleinen Ort mit 1000 Einwohnern vor. In diesem Dorf leben 564 Asiaten, 210 Europäer, 86 Afrikaner sowie 80 Süd- und 60 Nordamerikaner. 300 der 1000 Einwohner sind Christen, darunter 183 Katholiken, 84 Protestanten und 33 Orthodoxe. 175 Einwohner sind islamischen Glaubens, 128 Hindus, 55 Buddhisten, 47 Animisten, und 210 gehören keiner Religionsgemeinschaft an. Bis hierhin macht das Dorf äußerlich einen ganz guten Eindruck – ein multikulturelles und multireligiöses Gemeinwesen. Aber schauen wir uns nun einmal seine innere Verfassung etwas genauer an. In diesem 1000-Seelen-Ort verfügen 60 Einwohner über 50 Prozent der gesamten Einkünfte, die anderen 940 müssen die verbleibende Hälfte unter sich teilen. 500 Einwohner leiden, immer noch, an Hunger, 600 leben in Slums und 700 können weder lesen noch schreiben.

Diese Art und Weise, die tiefgehenden Disparitäten der Weltbevölkerung, reduziert auf ein Dorf, darzustellen, bringt, wie ich finde, das Problem eindringlicher zum Ausdruck als die absoluten Zahlen, die so gigantisch sind, daß sie einen als abstrakte Größen unberührt lassen. Die 348 reichsten Familien der Welt beispielsweise besitzen mehr Vermögen als 2,6 Milliarden Menschen aus der ärmeren Bevölkerungsmehrheit. Und mehr als ein Fünftel aller Menschen lebt in Elend und Armut – und die Situation verschlimmert sich von Tag zu Tag, übrigens auch psychologisch, weil die Armen in unserem Informationszeitalter immer besser um das Wohlstandsniveau der Reichen wissen.

Daß wir noch kaum eines der in unserem Beispiel-Dorf skizzierten Probleme in den Griff bekommen haben, ist dabei schon höchst erstaunlich und überaus beängstigend. Aus einem 1977 vom Kanton Genf veröffentlichten Bericht geht hervor, daß dort allein in jenem Jahr insgesamt 52 000 Experten an über 1000 Tagungen und in mehr als 14 000 Arbeitssitzungen über die Disparitäten zwischen dem Süden und dem Norden konferiert haben. Wohlgemerkt, bereits vor über 20 Jahren. Hinzu kommt die tägliche Arbeit der 20 000 internationalen Beamten und der weit über 100 internationalen Organisationen, die ihren Sitz in Genf haben, sowie Tausende von Konferenzen bei den Vereinten Nationen in New York und der Weltbank in Washington. Vielleicht wäre die Situation ohne all diese Debatten und Meetings ja noch viel dramatischer. Im Grunde habe ich aber keine rechte Vorstellung, was dort eigentlich geschieht. Die diskutierten Probleme jedenfalls sind bislang nicht gelöst. Im Gegenteil.

Inzwischen verläuft der Riß zwischen Wohlhabenden und Habenichtsen, zwischen Gebildeten und Ungebildeten ja keineswegs mehr nur zwischen Nord und Süd, sondern durchzieht, spaltet auch die Länder des Nordens selbst. Auch in Deutschland greift die sogenannte neue Armut immer mehr um sich: In den achtziger und neunziger Jahren sind viele – Schätzungen zufolge etwa acht Millionen – Menschen mit bescheidenem Einkommen unter die Armutsgrenze gerutscht; in der gesamten Europäischen Union sind es bereits 50 Millionen. Und in den Vereinigten Staaten, dem vermeintlichen Paradies der Moderne, leben circa 60 Millionen Menschen an der Armutsgrenze und gibt es rund 20 Millionen Analphabeten. Diese Zustände sind unhaltbar, sie sind scheinbar aber auch unaufhaltbar. Die Armen werden mehr, die Reichen reicher.

Dabei haben die verschiedenen Ungleichgewichte, das zwischen dem Norden und dem Süden, das zwischen Reich und Arm innerhalb jeder Gesellschaft und das zwischen Mensch und Natur, die schon genannte gemeinsame Ursache. Die Welt hat sich in den letzten 200 Jahren so schnell entwickelt, daß wir die Konsequenzen dieser Entwicklung nicht in den Griff bekommen konnten. Wir haben es bis heute nicht geschafft, unsere herausragenden Verstandeskräfte, unsere Unternehmerqualitäten, unsere Kreativität und vielleicht auch unsere Fähigkeit zu teilen so zu organisieren, daß alle Menschen vom vielgepriesenen Fortschritt profitieren können.

Man kommt kaum umhin, im Kern dieser verschiedenen Krisenerscheinungen die Wirkungen unserer gegenwärtigen wissenschaftlichen und technischen Entwicklung, der zunehmenden Arbeitsteilung, des aufgeblähten Marktes und der sich ständig vervielfachenden Waren-

und Geldzirkulation, kurz, der konstitutiven Elemente der Moderne zu erkennen. Was im Sinne ihrer Erfinder als moderne Wirtschaft bezeichnet wird, müßte doch die Mittel für den Fortschritt der Menschheit bereitstellen und Wohlstand, Frieden, Sicherheit, Glück und Freiheit für alle Menschen befördern. Dies ist aber bislang nur für einen kleinen Teil der Menschheit und auch nur bis zu einem gewissen Grade gelungen, während Elend, Krieg, Unsicherheit, Armut, Unterdrückung für den größeren Teil noch immer zum Alltag gehören.

In wenigen Jahrhunderten hat es das Abendland geschafft, allen Ländern der Erde mit einer Mischung aus Zwang und Anziehungskraft seinen Stempel aufzudrükken. Die Kolonisierung und später, noch wirksamer, die Kommunikationsmittel, besonders das Fernsehen, haben dazu beigetragen, das Entwicklungsmodell der abendländischen Gesellschaft überallhin zu verbreiten. Durch ihre Effizienz und durch die Faszination, die von ihr ausgeht, ist die westliche Moderne zweifellos zum wichtigsten Bezugspunkt für die Eliten aller Kontinente geworden. Machtverhältnisse und das Spiel des freien Marktes sind darauf angelegt, alle nicht von Waren bestimmten Werte und Tauschbeziehungen aufzulösen und auf diese Weise die traditionellen Gesellschaften zu zersetzen.

Das gelingt aber nur bedingt, das heißt, in sehr unterschiedlichem Ausmaß. Viele Kulturen erweisen sich als sehr viel widerstands- und lebensfähiger, als es sowohl stramme Modernisierer wie auch engagierte «Kulturschützer» je für möglich gehalten hätten. Eine Studie der renommierten «London School of Economics», deren Ergebnisse im Dezember letzten Jahres veröffentlicht wurden, brachte Erstaunliches zutage. Die Forscher hatten Angehörige von 54 Nationen nach ihrem subjektiven Glücksgefühl befragt und fanden, vermutlich selbst überrascht, die glücklichsten Menschen im von Hungersnöten und Überschwemmungen geplagten Bangladesch (Platz 1), im armen, moslemisch-postsozialistischen Aserbaidschan (Platz 2) sowie im vom Bürgerkrieg und von der Aids-Epidemie geschüttelten Nigeria (Platz 3). Deutlich weniger glücklich hingegen fühlen sich danach die Menschen in den von Wohlstand verwöhnten Regionen, in Deutschland (Platz 42), Frankreich (Platz 37), Japan (Platz 44) oder in Amerika (Platz 46). Dort Armut, aber intakte Werte, Geborgenheit im Schoß gewachsener Kulturen – hier Reichtum, aber innere Leere, Freudlosigkeit und Isolation? Das wäre sicher eine überzogene Interpretation. Und doch bilden die Ergebnisse eine Tendenz ab, die zwar nicht umzukehren sein dürfte, aus der sich aber Lehren ziehen ließen: über die Bedeutung von Kultur, über die Kosten des Fortschritts, über vermeidbare Fehlentwicklungen.

Da Glück ein menschliches Maß ist, das sich in keine andere Einheit übersetzen läßt, käme es in erster Linie darauf an, daß der Mensch das Maß aller Dinge bleibt bzw. wieder zum Maß aller Dinge wird. Denn offenkundig gibt es diesbezüglich Unterschiede etwa zwischen Bangladesch und Deutschland oder zwischen Nigeria und den USA. Diese Unterschiede sind sicher zu vielfältig, als daß ich sie hier untersuchen könnte, zumal ich mich auf das beschränken sollte, wovon ich etwas zu verstehen glaube. Ich möchte deshalb nur einen Unterschied, eine Eigenheit moderner Marktgesellschaften hervorheben, die ein Betriebsrat von Ford am Rande einer Betriebsversammlung einmal sehr plastisch, aber nicht ohne ironischen Unterton auf den Begriff gebracht hat: «Wissen Sie, Herr Goeudevert, bei uns steht der Mensch im Mittelpunkt, und gerade da steht er uns im Wege.» So ähnlich ist es wirklich. Es läßt sich kaum pointierter, allerdings noch genauer beschreiben.

Die beiden Pfeiler der modernen, industriell geprägten Welt, die Tauschfreiheit und die Wissenschaft, werden heute in den Wohlstandsökonomien viel zu oft nur noch als Selbstzweck angesehen. Die herrschende Lehre der derzeit gültigen Wirtschaftsmythologie betrachtet die Liberalisierung des Waren- und Geldverkehrs als probates Zaubermittel, das gleichsam automatisch ein optimales Gleichgewicht der Tauschbeziehungen herstellt. Nicht anders verfährt die wissenschaftliche Mythologie: Ungeachtet aller Probleme und Schäden, die sie mit sich bringt, erhebt sie die Verbindung von Wissenschaft, Technik und Industrie zum Garanten für den Fortschritt der Menschheit. Folgt man diesen Mythologien, so bräuchte man sich nur der Wissenschaft und dem Markt, der «unsichtbaren Hand» eben, anzuvertrauen, und alles würde gut.

Ich halte das für einen Irrweg. Die einseitige Lösung von Problemen mit den Mitteln von Wissenschaft und Technik scheint mir alles andere als modern: weil der Lösungsweg linear ist, geradlinig und kompromißlos nur auf *ein* Ziel ausgerichtet, auf eine manchmal sogar krankhafte Form von Perfektionismus, eine Hundertprozentigkeit, in der der Mensch kaum mehr vorkommt. Man spricht von Millisekunden und Nanogramm. Man hört von immer neuen Rekorden der Wissenschaft – Rekorde, die natürlich oft sehr nützlich sind, Leben retten, unser tägliches Dasein erleichtern.

Aber ich frage mich, ob es auf dem Weg zu immer mehr Perfektion überhaupt noch darum geht, «Leben leichter zu machen». Ich frage mich, ob die Entwickler eines neuen, hochwertigen Produkts immer über den Sinn ihres Tuns nachdenken, über die Funktion des Produkts, den Benutzer, den *Menschen*. Jeder kennt beispielsweise die Probleme beim Anschließen und Programmieren eines Videorecorders. Es klappt nie. Und fast jeder hat Erfahrungen mit High-Tech-Autoradios, die so viele Knöpfe und Funktionen haben, daß man auf einen Parkplatz fahren muß, um sie zu bedienen. Das ist doch verrückt.

Schuld daran ist ein um sich selbst kreisendes System, das die Ingenieure veranlaßt, unter enormem Konkurrenzdruck eine Art Inzucht zu betreiben. Ohne auf die Bedürfnisse der Verbraucher und Benutzer zu achten, wetteifern sie untereinander mit immer ausgefeilteren Novitäten. Es geht letztlich überhaupt nicht mehr darum, Bedürfnisse zu befriedigen, sondern darum, immer neue, immer anspruchsvollere Erwartungen zu generieren, um sie dann profitabel «stillen» zu können. Kaum habe ich mir den leistungsstärksten, schnellsten, narrensichersten Computer zugelegt und mich, aller Narrensicherheit zum Trotz, mühsam mit ihm vertraut gemacht, gibt es schon wieder die nächste Generation – und mit ihr auch die nächsten Programme, für die meine Neuanschaffung schon nicht mehr ausgelegt ist. Das mündet schließlich in eine Art Diktatur des Angebots, in eine neue Form des Fundamentalismus: An die Stelle der absoluten Unfehlbarkeit Gottes tritt die absolute Unfehlbarkeit der Technik. Nur der Mensch kann noch versagen, aber das kriegen wir technisch sicher auch noch in den Griff. Das Stichwort von der «Technikgläubigkeit» hat hier seinen Platz.

Fundamentalismus – ganz gleich, ob man ihn religiös, philosophisch oder politisch definiert – meint im Grunde doch immer eines: das Festhalten an rigiden Grundprinzipien, das Nichtabweichen von einer einmal gefundenen Form der Rechtgläubigkeit, die unreflektierte Verhärtung gegenüber Kritik, Kompromissen und Alternativen. Doch Irren ist menschlich! Deshalb kann der Fundamentalismus nichts Menschliches sein. Menschen ändern sich, weil ihre Umwelt sich ändert, sie sind komplizierte Wesen mit komplexen Bedürfnissen, die von einer Fülle von Faktoren geprägt werden. Das menschliche Hirn arbeitet wohl kaum nach dem Prinzip der linearen Optimierung. Deshalb besteht das Leben aus einer Kette von Kompromissen.

Fundamentalismus ist nicht nur nicht menschlich, sondern in höchstem Maße unmodern, weil statisch und verschlossen gegenüber allen ungewöhnlichen Ideen und neuen Gedanken. Und das genau ist es, was man der modernen Gesellschaft vorwerfen könnte: ihre Unmodernität, ihre Phantasielosigkeit, ihr manchmal verbohrtes Suchen nach linearen Lösungen für komplexe Probleme, ihr Streben nach Perfektion um der Perfektion willen, ihre

Schwierigkeiten, aus einmal etablierten Denkweisen auch wieder auszubrechen.

Wirkliche Modernität ist für mich: vernetztes Denken, Vielfältigkeit, Einfallsreichtum, kleine Schritte auf dem Weg zu einem besseren Leben, Flexibilität, Kompromisse, menschliche Dimensionen – lieber ein Prozent mehr Perfektion bei 100 Kleinigkeiten als 100 Prozent Perfektion bei nur einer Sache.

Man denke zum Beispiel an das Auto. Es muß natürlich sparsam, sicher, sauber, gleichzeitig leistungsstark und schön sein. Komplizierte Technik hilft, das alles zu realisieren. Wer aber denkt daran, daß auf überfüllten Straßen, in verstopften Städten bald keiner mehr sein Auto benutzen können wird, benutzen in seiner eigentlichen Funktion: der Fortbewegung? Die Entwicklungsingenieure lassen sich aber auch in dieser Hinsicht nicht lumpen und präsentieren technische Lösungen: satellitengesteuerte Leitsysteme zum Beispiel. Damit man schon zehn Minuten vorher weiß, daß man gleich im Stau steht, und erfährt, wie man ihn hätte umfahren können, wenn man rechtzeitig von der Autobahn abgefahren wäre. In letzter technischer Konsequenz wird dann der sogenannte Individualverkehr zur Groteske: Man dockt sich mit seinem «Automobil» in ein Magnetfeld ein und läßt sich, zentral gesteuert, an sein Ziel bringen, während man fernsieht, telefoniert oder meinetwegen schläft – Weckruf inklusive. Wie auf Schienen eben, nur weit weniger bequem.

Ein Angebot muß schon offenkundig absurd sein, damit es keine Abnehmer und Nachahmer findet. So hat einmal der «think tank» einer französischen Fluggesell-schaft über den intelligenten Verbund von Verkehrssyste-men nachgedacht. Ich kann das im Prinzip nur begrüßen: Würde man mich beispielsweise beauftragen, Autos nach Indien zu verkaufen, so würde ich vorschlagen, Vertreter der Bundesbahn, der Lufthansa und der Nahverkehrsver-bände in die Verhandlungen einzubeziehen, denn einem Land wie Indien ist mit dem Produkt Automobil allein nicht geholfen – es braucht einen Verkehrsverbund, eine sinnvolle Kombination von Bahn, Auto, Flugzeug und an-deren Verkehrsmitteln. Meine französischen Kollegen ge-baren allerdings eine andere Idee: Sie boten ihren Kunden an, in Zukunft mit Auto zu fliegen, zum vierfachen Preis, um so am Zielort sofort wieder mobil sein zu können. Der Wagen dürfe aber, das ist kein Witz, nicht mehr als 800 Kilogramm wiegen und nicht länger als drei Meter sein. Dann könne man in bestimmten Maschinen bis zu drei Fahrzeuge mitnehmen. Man fragt sich, wer um alles in der Welt dieses Angebot wahrnehmen sollte. Wer den vierfa-chen Preis für ein Flugticket zahlen kann, wird vermutlich einen Mercedes, vielleicht einen Rolls-Royce fahren, aber doch keinen Opel Corsa. Es ist dann natürlich auch nicht wahrgenommen und wieder von der Angebotsliste gestri-chen worden. Außer Spott hat die Fluggesellschaft nichts daran verdient.

Doch das sind nur die amüsanten Abseiten einer anson-sten wenig lustigen Entwicklung, die sich, wie ein Perpe-tuum mobile, nur noch aus eigener Kraft zu speisen scheint und die zu kontrollieren und zu steuern wir auf-gegeben haben – sei es aus Trägheit, sei es aus Gleichgültigkeit, oder sei es aus Resignation. Meine Hoffnung, die Trägen und Gleichgültigen zu bekehren, ist gering. Aber die Resignierten will ich schon erreichen – neben all denen, die weder gleichgültig sind noch aufgegeben haben. Denn zur Resignation besteht kein Anlaß. Es gibt Auswege. Und es gibt Menschen, Unternehmen, Organisationen, die diese Wege schon beschreiten.

Der Horizont hat Flügel

Ein Mensch ist nicht viel. Aber nichts ist so viel wie ein Mensch. (André Malraux)

Unbestreitbar kann die Wissenschaft zum besseren Verständnis der Welt beitragen, Handlungsmöglichkeiten eröffnen und Kreativität freisetzen. Sie kann aber für die besten ebenso wie für die schlechtesten Ziele eingesetzt werden. Auch der Markt ist ein unersetzliches Instrument, um eine Vielzahl von Handelnden mit unterschiedlichen Bedürfnissen, Wünschen und Fähigkeiten flexibel in Austausch zu bringen – zum Wohle aller Beteiligten. Aber die Bevölkerungsteile, die mangels erfüllter Grundbedürfnisse in keine Austauschbeziehung treten können, wie auch die ökologischen Risiken und die Interessen künftiger Generationen liegen gewissermaßen außerhalb seines Zuständigkeitsbereichs.

Die Marktwirtschaft ist nicht mehr – allerdings auch nicht weniger – als ein an Leistungsfähigkeit bisher nicht übertroffener Herstellungs- und Verteilungsmechanismus. Welche Wirkungen sie entfaltet, das hängt einzig und allein von den Menschen ab, die sie gestalten. Und da der Mensch von Natur aus nicht nur gut ist, sondern auch egoistisch und auf das eigene Wohl bedacht, kann es innerhalb des Systems der sozialen Marktwirtschaft zu

Fehlentwicklungen kommen. Der Wert des Marktes wie der Wissenschaft bemißt sich letztlich an den Optionen und Zielen der Gesellschaften, in denen sie sich entwickeln. Sie müssen wieder an ihren richtigen Platz, den eines Werkzeuges, gerückt werden, eines ohne Zweifel unabdingbaren Werkzeuges, dessen Sinn sich aber nicht im Selbstzweck erschöpfen darf.

Erst die Verformung der Wissenschaft und des Marktes zu sich selbst regulierenden, um sich selbst kreisenden Teilbereichen hat zu jener tiefgreifenden Wertekrise geführt, in der wir uns heute befinden. Wissenschaft und Technik haben mit ihrer Betonung der Herrschaft über und der Manipulation von Menschen und Dingen einer Haltung Vorschub geleistet, die die Natur, die lebendige Welt und die anderen Menschen zu Instrumenten degradiert und globalere, bescheidenere und respektvollere Strategien außer acht läßt. Die Verherrlichung der Macht scheint über die Suche nach Weisheit gesiegt zu haben.

Ganz ähnlich tendiert der Markt dazu, den Wert der Lebewesen und Dinge auf ihren Geldwert zu reduzieren. Er propagiert die Bereicherung als den Maßstab schlechthin für den Erfolg der einzelnen wie der Gesellschaften und hat die Herrschaft des Materiellen über das Geistige durchgesetzt. Er braucht für sein Funktionieren eine nicht versiegende, sondern stetig steigende Nachfrage, unablässig neue «Erwartungen», die sich in Geldwert ausdrücken lassen, und lenkt mit seiner Ausrichtung auf den kurzfristigen Erfolg Energien und Intelligenz von den grundlegenden Bedürfnissen ab, die nur durch eine langfristige Strategie gesichert werden könnten.

Dies ist geradezu beispielhaft an den Börsen dieser Welt zu beobachten, wo – wie es ein Bankier aus Düsseldorf kürzlich treffend beschrieb – etwa eine Million Finger auf 100000 Computertastaturen bereitliegen, um in Sekundenschnelle aufgrund einer Miniinformation («Jelzin ist nüchtern») die Kauf- oder Verkaufstaste zu drücken und mittels solcher «Fingerspiele» täglich mehr als 2000 Milliarden US-Dollar in Bewegung halten. Nur weniger als zehn Prozent dieser enormen Summe dienen dem Güteraustausch, haben also einen realen Gegenwert an Dienstleistungen oder an Produkten. Der große Rest ist derivativ, virtuell, oder wie immer man es nennen will. Da tickt in meinen Augen eine Zeitbombe.

Die Menschheit droht von ihrer eigenen Dynamik überrollt zu werden. Die alten, im Laufe von Jahrtausenden geschaffenen Formen, mit denen die Menschen ihre Beziehungen untereinander regelten, haben sich überholt. In vielen Bereichen bekommt das Handeln einiger weniger weltumspannende Dimensionen, entzieht sich aber traditionellen politischen Institutionen wie auch demokratischer Kontrolle. Es werden Entscheidungen getroffen, die weltweite Konsequenzen haben, aber es gibt keine Stelle, keine Institution, die in der Lage wäre, hierfür die entsprechende Verantwortung zu übernehmen. Die Menschheit steht vor der Aufgabe, ihr Schicksal in die Hand nehmen zu müssen, sie weiß aber nicht, wie.

Ich glaube, daß wir in den kommenden Jahren eine moralische und institutionelle Revolution von großer Tragweite unternehmen müssen. André Malraux hatte in meinen Augen recht, als er schrieb: «Das 21. Jahrhundert wird moralisch sein, oder es wird nicht sein.» Vernunft und ökonomischer Erfolg sind kein Ersatz für den Glauben. Ohne metaphysisches Bewußtsein kann keine Kultur lebendig bleiben. Eine volle Gefriertruhe, ein gefülltes Bankkonto, ein komfortables Zuhause, ein Luxusauto – all die Dinge, die viele Europäer und Amerikaner ihr eigen nennen, können den Menschen vielleicht ein wenig Sicherheit geben. Eine Richtung, ein Ziel, ein Halt – oder gar Glück – erwachsen daraus nicht.

Um das zu erkennen, bedarf es keiner «Glücksstudie» wie der von der «London School of Economics». Jeder weiß, daß die eigene Zufriedenheit nur sehr bedingt vom Quantum des Konsums abhängt. Hier spielen andere Einflüsse – emotionale, kommunikative – eine viel wichtigere Rolle. Aber zwischen Wissen und Handeln klafft eine ebenso große Lücke wie zwischen dem einzelnen und dem Markt. In diesen Lücken jedoch, und das läßt alles hoffen, entstehen immer wieder Ideen und aus ihnen Unternehmen und Organisationen, die den Zwischenraum auszufüllen und zu überbrücken versuchen – Greenpeace ist ein prominentes Beispiel. Ein anderes, kleines, aber feines Beispiel hat im letzten Jahr ein großes französisches Versandhaus gegeben. Dessen Management hat etwas für mich Wunderbares und Mutiges getan. Es hat erkannt, daß es verrückt ist, den eigenen Katalog im Wettlauf mit den Mitbewerbern von Jahr zu Jahr größer, dicker, unübersichtlicher zu machen. Wo soll das enden? Man wählte statt dessen einen ganz anderen Weg. Es wurde eine Art Alltags- und Ethikkommission eingesetzt, die den vorhandenen – und auch weiter vertriebenen – Katalog nach klaren Kriterien durchforstete: Was ist in jedem Haushalt oder Büro unverzichtbar, zugleich umweltfreundlich im Gebrauch und recycelbar, möglichst einfach in der Bedienung und möglichst günstig? Heraus kam ein Katalog der Essentials, von fünf oder sechs Seiten Umfang, der zu einem überwältigenden Erfolg wurde. In Zukunft will man nun auch den Hauptkatalog Stück für Stück reduzieren.

Für das Versandhaus war dies ein Test ohne großes Risiko, aber mit einem Ergebnis, das beweist, was alles möglich ist, wenn man es erst einmal versucht. Eine mutige Idee muß nicht unbedingt riskant sein. Manchmal bergen Ideen ein so hohes Risiko, daß man schon im Ansatz vor dem Praxistest zurückschreckt. Das ist nicht viel besser, als keine Ideen zu haben. Denn auf den Versuch kommt es letztlich an, wobei kein Versuch vor dem Scheitern gefeit ist.

Der Mensch hat immer schon die Welt gestaltet, und nur selten hat er wirklich so genau gewußt, was er da eigentlich tut. Wir haben uns nicht rational emporgeplant und emporgedacht, wir haben uns vor allem emporgeirrt. Und doch ist der neuzeitlichen Wissenschaft nichts anderes eingefallen, als dem Irrtum den Krieg zu erklären. Wollen wir die Bedingungen unseres Wirkens in der Welt erkennen und Gestaltungsmacht zurückgewinnen, dann geht es auch darum, was der Philosoph Odo Marquart einmal die «Entübelung des Übels» genannt hat, also darum, den Irrtum wieder in sein Recht zu setzen.

Denn ohne Mut zum Irrtum können wir das Bestehende nicht verändern. Damit meine ich nicht die Beliebigkeit des «anything goes». Aber die Grenze zwischen dem Wirklichen und dem Möglichen muß durchlässig bleiben. Weder darf die Macht des Realen die Phantasie so stark einengen, daß kein Horizont mehr sichtbar ist, noch darf das Wirkliche vom beliebig Möglichen so überwältigt werden, daß die Wirklichkeit als solche verdampft. Zwischen Erstarrung, also einem Zustand, in dem nichts mehr möglich ist, und Chaos, einem Zustand, in dem alles möglich ist, gibt es aber ein großes Spektrum von Alternativen. Zwischen diesen beiden Polen müssen wir nach Wegen suchen, die Probleme der Gegenwart in den Griff zu bekommen. Und da es neue Wege sein müssen, werden wir ohne Phantasie und Kreativität, ohne Visionen keinen Erfolg haben.

Bevor ich in den folgenden Kapiteln von meinen Visionen erzähle, möchte ich noch kurz einen «Träumer» vorstellen, der es weitergebracht hat, als ich es je bringen werde: Mohammad Ynus. Als Wirtschaftsprofessor an der Universität von Chittagong in Bangladesch erkannte Mohammad in den siebziger Jahren, daß all die schönen Theorien, mit denen er sich befaßte, die Armut unmittelbar vor der Tür nicht würden lindern können. Da er dies nicht länger akzeptieren wollte, begann er zu träumen und verließ schließlich die Universität, um seinen Traum wahr zu machen. Mohammad Ynus gründete in Bangladesch die erste Mikrokreditbank der Welt, die Grameen-Bank. Hierzu muß man wissen, wie wenig es letztlich bedarf, um Menschen aus der Armut zu helfen. Es genügen in der Regel nur einige Dollar an Startkapital, manchmal reicht ein einziger, damit eine Familie in Bangladesch ihre Existenz sichern kann, etwa indem sie einen Handel mit

Schilfkörben oder einen kleinen Handwerksbetrieb aufbaut.

Mohammad vergab von nun an also Kleinstkredite, verschenkte aber etwas sehr viel Wertvolleres: Vertrauen in die Zukunft. Die Geschäftsphilosophie seiner Bank basiert auf der schlichten, aber bestechenden chinesischen Weisheit: Wenn du einen Menschen ernähren willst, dann gib ihm keinen Fisch, sondern lehre ihn das Angeln. Entsprechend ist das entscheidende Kriterium einer Kreditvergabe durch die Grameen-Bank, was der Kreditnehmer mit dem Geld anzufangen gedenkt. Mohammad verlangt keine Garantien oder Sicherheiten, sondern Konzepte und Visionen.

Ich weiß nicht, wie vielen Menschen Mohammad Ynus inzwischen auf die Beine geholfen hat. Doch noch beeindruckender, als es diese Zahl garantiert wäre, ist vielleicht die Tatsache, daß es täglich mehr werden. Die Grameen-Bank vergibt heute Millionen einzelner Kredite von durchschnittlich 160 US-Dollar in 58 Ländern der Welt, längst nicht mehr nur im «armen Süden», sondern auch in den USA oder in Norwegen. Mit einer Bilanzsumme von zwei Milliarden Dollar wird sie natürlich von den etablierten Geschäftsbanken allenfalls belächelt, wenn nicht gar angefeindet. Denn Mohammad Ynus hält Bankern wie auch vielen Politikern einen Spiegel vor, der kein schönes Bild zurückwirft. Er hat eine Verantwortung übernommen, die nur wenige zu übernehmen bereit sind. Und das schönste: Er hat bewiesen, daß soziale Verantwortung einen volkswirtschaftlichen Wertschöpfungseffekt hat. Das ist als Argument leider nicht unwichtig, obgleich die Würde des Menschen zweifellos einen höheren Wert hat als das Bruttosozialprodukt.

Es gibt nur einen Mohammad Ynus. Aber es gibt viele, die von einer besseren Realität träumen. Ich gehöre dazu und will hier nun einige meiner Visionen skizzieren, das «Europa der Beweglichkeit», wie ich es vor mir sehe, wie ich es mir wünsche. Ich bin weder Politiker noch Soziologe, noch gar Zukunftsforscher. Meine Skizze ist persönlich, sie beruht auf meinen Beobachtungen, meinem kosmopolitischen Arbeitsleben in der freien Wirtschaft und auf meinen Intuitionen.

Ich gehe dabei im wesentlichen assoziativ vor, bediene mich keiner anerkannten Methode, kann mich aber immerhin auf einen weltberühmten Gewährsmann berufen, der ein respektables Vorbild abgeben dürfte. Von Albert Einstein wird berichtet, daß er eines Nachts in Zürich, als er sich in Begleitung eines Kollegen auf dem Weg nach Hause befand, plötzlich unter einer Gaslaterne stehenblieb und ausgiebig den Boden absuchte. Auf die Frage seines Begleiters, was er denn suche, antwortete Einstein: «Einen Schlüssel!» Ob er diesen denn hier verloren habe, wollte sein Kollege daraufhin wissen, und der geniale Physiker erwiderte: «Das ist unwahrscheinlich, aber hier sehe ich wenigstens etwas.» Im übertragenen Sinne verhalte ich mich hier ganz ähnlich. Ich weiß nicht, wo wir «den Schlüssel» – das richtige Maß, Selbstvertrauen, Urteilsvermögen, Initiative, Verantwortung – verloren haben. Also suche ich dort, wo ich am meisten sehe.

Meine Gedanken geben wieder, wie ich als «früher Prototyp» eines Europäers Gegenwart erfahre und wie ich die

Zukunft gestaltet sehen möchte. Es ist ganz bestimmt nicht der einzig mögliche Entwurf, es lassen sich viele weitere denken, auch wenn ich von einigen meiner Positionen vollkommen überzeugt bin. Ich lege hier weder ein Manifest noch eine abgeschlossene Analyse vor, und man erwarte auch keine detaillierten Wirtschaftsprognosen. Was ich entwerfen kann, erzähle ich vor dem konkreten Hintergrund meiner Erfahrungen und meiner zweifellos lückenhaften Kenntnisse.

Wenn die Arbeit nicht wär . . .

Personaldiät

*Der Müßiggang macht unendlich viel müder und
nervöser als die Arbeit und schwächt die
Widerstandskraft, auf der eigentlich alle
Gesundheit beruht.* (Karl Hilty)

Arbeitslosigkeit ist die größte zivile Katastrophe unseres Jahrhunderts. Millionen Menschen, die produktiv tätig sein könnten und wollen, sitzen statt dessen untätig vor ihren Fernsehgeräten, trinken Bier und schlafen schlecht. Ein Mensch ohne Arbeit wird ja nicht nur von existentiellen Ängsten heimgesucht, sondern sieht sich in seiner ganzen Persönlichkeit bedroht. Er verliert den Respekt vor sich selbst und die Anbindung an die Wirklichkeit. Und je länger dieser Zustand andauert, desto gravierender wirkt er auf das Gemüt, desto geringer wird die Chance, eine neue Aufgabe zu finden.

Aus meiner Zeit bei Volkswagen ist mir ein Gespräch mit einem Mitarbeiter unauslöschlich in Erinnerung geblieben. Der Mann, der im Rahmen eines Frühpensionierungsprogramms freiwillig aus dem Betrieb ausgeschieden war, hatte sich schon längere Zeit um einen Termin mit mir bemüht. Zwar wollte ich mich einem Treffen nicht verweigern, schob aber immer wieder anderweitige Verpflichtungen vor, weil ich nicht wußte, was ich ihm hätte sagen sollen. Schließlich gab ich nach. Es stellte sich heraus, daß der ehemalige Mitarbeiter seit seinem Ausscheiden nur noch zu Hause im Bett gelegen hatte und zu keiner Aktivität mehr fähig gewesen war. Als nun unser Gesprächstermin anstand, ist er zum ersten Mal wieder aufgestanden, in der Hoffnung, ich würde ihn wieder einstellen. Ich mußte ihm sagen, daß ich das nicht machen kann, habe dann aber über eine Stunde mit ihm geredet. Dabei ist mir schrecklich bewußt geworden, daß dieser Mann während seiner dreißigjährigen Tätigkeit im Unternehmen mit seiner Arbeit eins geworden war. Ohne sie gab es ihn praktisch nicht mehr, er hatte seine Identität verloren – und damit jeden Halt und jede Haltung.

Ich fürchte, so wie diesem Mann geht es den meisten Menschen, die aus dem Berufsleben ausscheiden oder ausgeschieden werden. Nach dem Gespräch habe ich deshalb sofort im Kollegenkreis angeregt, daß Mitarbeiter *vor* einer Trennung vom Unternehmen «auf das Leben danach» vorbereitet werden. Die meisten Menschen verlieren während ihrer Berufstätigkeit andere Lebensinteressen aus den Augen, so daß es hilfreich sein könnte, ihnen solche Interessen lange vor ihrem Ausscheiden mit Hilfe von Seminaren, Informationstreffen, Ausstellungen und persönlichen Gesprächen wieder nahezubringen. Und das wäre wenig genug. Die Menschen brauchen einen Fixpunkt, ein Gehäuse, aus dem heraus sie ihr Leben organisieren können, das ihnen Sicherheit, Halt, Orientierung und eine Perspektive gibt, und noch haben wir hierfür offenbar nichts Besseres gefunden als sinnvolle, verläßliche Erwerbsarbeit. Wenn diese Basis bröckelt, und sie bröckelt, wie wir alle wissen, gewaltig, gerät das gesamte soziale Gefüge aus dem Leim.

Für mich war dieses Erlebnis ein Beispiel des Elends im Wohlstand und zugleich ein Beleg für die Amoralität unseres gegenwärtigen Wirtschaftens. Wenn ein Unternehmen nicht in erster Linie für die Menschen da ist – seien es Beschäftigte oder Kunden –, wozu ist es dann da? Doch nicht nur für Bilanzen, nicht nur für Aufsichtsratssitzungen, nicht nur für die Produktion. Aber genau dieses Mißverständnis ist in den letzten Jahren gesellschaftsfähig geworden: In unserer Shareholder-value-Gesellschaft kommt immer erst die Rendite, dann die Moral.

Ich glaube, hier wird Amok gelaufen, die Wirtschaft überdreht. Die Amerikaner nennen diesen Geschwindigkeitsrausch «Turbokapitalismus» – mit der Betonung auf «Turbo». Denn die Geschwindigkeit ist, das kann ich gar nicht oft genug betonen, tatsächlich das entscheidende Phänomen, nicht der Kapitalismus an sich oder die vielgescholtene Globalisierung, die ja schon mit dem Zeitalter der Entdeckungen einsetzte und im Grunde etwas Wunderbares ist. Das Zusammenwachsen der Welt kann zwar nicht ohne Konflikte ablaufen, es eröffnet aber vielfältigste Möglichkeiten, von anderen Menschen, von anderen Kulturen zu lernen. Austausch von Waren, Menschen, Kulturen – es gibt doch nichts Schöneres als das. Es ist daher in meinen Augen nicht der grenzenlose, entgrenzte Markt, es ist die Zeitdimension des neuen Kapitalismus, die unser Gefühlsleben und unser Denken am tiefsten verstört. Wir befinden uns nicht in der Globalisierungsfalle, sondern in einer Beschleunigungsfalle. Die Menschen, aber auch Institutionen und Gesellschaften halten den Veränderungsdruck, unter dem sie stehen oder unter den sie sich selbst setzen, nicht mehr aus, weil dieser immense Druck wesentlich größer ist als die vorhandenen individuellen, gesellschaftlichen und kulturellen Veränderungsfähigkeiten. Die Folgen – wie sie sich etwa am Beispiel Rußlands oder schon seit längerem in Japan und im ostasiatischen Raum beobachten lassen – sind Desorientierung und eine gravierende Schwächung demokratischer Integrationskraft. Das ist eine reale Gefahr.

Um ein anderes Bild zu wählen: Wenn ich in einem Auto mit hoher Geschwindigkeit fahre, dann kann jeder Stein auf der Straße zu einer Katastrophe führen. Und ich werde den Stein vorher nicht einmal wahrnehmen: Ich kann weder ganz in die Ferne blicken noch auf die Straße, sondern bin so sehr mit mir selbst beschäftigt, daß ich außen kaum noch etwas registriere. Ich bin auf meine elementaren Reflexe verwiesen und zu keiner Form der Aufmerksamkeit oder gar Kontrolle mehr fähig. Das heißt, wir sind schlicht überfordert und können nicht mehr ermessen, was um uns herum geschieht.

Und trotz aller unübersehbaren Krisenzeichen werden die Möglichkeiten, die zerstörerische Dynamik zu drosseln, immer weiter eingeschränkt, weil niemand auf die Bremse treten mag. Der Trend zur Privatisierung und zum Abbau der Staatstätigkeit engt das Verantwortungsfeld und die Einflußmöglichkeiten der Politik immer weiter ein. Die Politik verfügt bloß noch über den Spielraum, den ihr die Wirtschaft läßt. Auf die Wirtschaft kommt damit aber eine neue Verantwortung für die Gesellschaft zu, die sie bis jetzt noch nicht einmal ansatzweise wahrgenommen hat. Ihre Aufgabe kann nicht länger darin bestehen, den Wohlstand einiger weniger zu mehren. Vielmehr muß sie das eingeschränkte Begriffsfeld von Gesellschaft als «Gesellschaft der Aktionäre» überwinden und ihre Verantwortung anerkennen auch für jene, die den steigenden Herausforderungen der Teilnahme am modernen Leben nicht ausreichend gewachsen sind und auf der Strecke zu bleiben drohen.

Das mag zunächst einmal recht pastoral klingen und wie eine moralische Überladung der Wirtschaft anmuten. Tatsächlich wird mir, wo immer ich mit Führungskräften, auf Vorträgen oder in Interviews von der gesellschaftlichen Verantwortung der Unternehmen spreche, häufig entgegengehalten, das sei doch wohl reichlich weltfremd und naiv. Ich kann dann nur erwidern: Weltfremd ja, naiv nein. Naiv wäre es, zu glauben, 20 Millionen Arbeitslose in Europa würden sich auf Dauer in ihr «Schicksal» fügen und regungslos zuschauen, wie immer weniger Menschen immer reicher werden. Und «weltfremd» wäre nur dann ein negatives Attribut, wenn wir in der besten aller Welten lebten, die keiner Veränderung mehr bedürfte. Wenn wir aber etwas verändern wollen, dann müssen wir über das, was ist, hinausgehen – eben «weltfremd» werden.

Ich meine selbstverständlich nicht, daß sich unsere Unternehmen in karitative Vereinigungen verwandeln sollten. Das wäre eine völlig falsche Deutung. Rentabilität ist und bleibt die Grundlage allen erfolgreichen Wirtschaftens. Gewinnstreben ist nichts Unanständiges oder Anstößiges, sondern das Normalste, was es in einer Marktwirtschaft gibt. Schädlich ist allerdings eine Vergötzung des Profits, seine Erhebung zum alleinseligmachenden Prinzip. Die ökonomischen Zielsetzungen der Zukunft müssen vielschichtiger werden. Viele Unternehmen haben dies schon erkannt und auch bereits danach gehandelt. Volkswagen hätte zum Beispiel – im Rausch des Abspeckens während der zweiten Hälfte der achtziger Jahre – die recht bequeme Möglichkeit gehabt, Tausende von Mitarbeitern auf die Straße zu setzen. Statt dessen hat VW die Viertagewoche eingeführt, als einziges Unternehmen in Deutschland. Die französische Firma Thomson hat auf Vorschlag der Arbeitnehmer die Arbeitszeit reduziert und im Gegenzug die Gehälter eingefroren; dadurch konnten 412 Entlassungen verhindert werden. Bei Michelin haben 1500 Manager der mittleren Ebene kleine Gehaltskürzungen akzeptiert, um Stellen zu retten.

Dies sind Beispiele für eine soziale Verantwortung, die nicht mit Wohltätigkeit verwechselt werden darf, sondern auf der Einsicht beruht, daß ein Unternehmen keine Insel, kein Elfenbeinturm ist. Es muß sich als Teil der gesamtgesellschaftlichen Kultur verstehen, in vielschichtigen Wechselwirkungen mit ihr verknüpft. Deshalb muß Wirtschaften heute mehr als je zuvor heißen: Kompromisse schließen. Und zwar nicht nur zwischen Anteilseignern, Aufsichtsrat, Belegschaft und Management, sondern auch zwischen technischer Machbarkeit, ökonomischer Realisierbarkeit, ökologischer Vertretbarkeit und ethischer Verantwortlichkeit. Umwelt, Energie, Bevölkerung, Nahrungsmittel, Wasser, Arbeitsplätze, Entwicklung, Kultur, Technologie, Bildung – die Reihe ließe sich noch um einiges ergänzen – dürfen nicht länger als isolierte Bereiche betrachtet, sondern müssen als mehrfach verknotete Fäden eines engen Geflechts erkannt und behandelt werden.

Diesem komplexen Zusammenhang gerecht zu werden erfordert beispielsweise vom Management schöpferische Ideen und vielseitige Anstrengungen. Ich bin überzeugt davon, daß nur solche Unternehmen, denen es gelingt, die verschiedenen Erfordernisse auszubalancieren, langfristig eine Überlebenschance haben. Voraussetzung hierfür sind allerdings Wirtschaftsführer, die sich bereit zeigen, innovativ zu denken und neue Wege einzuschlagen – und denen die Zukunft des Unternehmens wichtiger ist als das Interesse der Aktionäre. Daß solche Führungskräfte tatsächlich erfolgreicher sind als andere, belegen inzwischen zahlreiche Untersuchungen. Arie de Geus beispielsweise, der 30 Jahre lang in der Geschäftsführung von Shell tätig gewesen ist und heute am renommierten Massachusetts Institute of Technoloy (MIT) lehrt, hat in einer vergleichenden Studie herausgefunden, daß die durchschnittliche Lebenserwartung europäischer und japanischer Firmen lediglich 12,5 Jahre beträgt. Anschließend hat er 27 Unternehmen, die diese Lebenserwartung bei weitem überschreiten und schon seit über 100 Jahren bestehen, gesondert untersucht, um deren Erfolgsgeheimnis herauszufinden. Sein Ergebnis: Alle diese Firmen haben drei Haupteigenschaften gemeinsam. Sie verfügen, erstens, über eine große Anpassungsfähigkeit; sie zeichnen sich, zweitens, durch einen starken internen sozialen Zusammenhalt aus; und sie sind, drittens, geprägt durch eine hohe Toleranz für die Experimente und Eigeninitiativen ihrer Führungskräfte.

Schon Henry Ford wußte: «Ein Geschäft, das nichts anderes als Geld bringt, ist kein Geschäft.» Wie recht er hatte, bestätigen nicht nur neuere Forschungsergebnisse, sondern belegt doch auch die deutsche Nachkriegsgeschichte. Das Wirtschaftswunder beruhte ganz wesentlich auf der von allen Akteuren geteilten Bereitschaft zum sozialen Ausgleich. «Social peace» ist also sowohl ein entscheidender «Standortfaktor» wie auch ein volkswirtschaftlich bedeutsamer «return».

Es ist absurd zu sagen, für einen Manager würden nur betriebswirtschaftliche Faktoren zählen; es sei daher seine natürliche Aufgabe, Kosten zu senken, was nun einmal gelegentlich zur «Abspeckung» und damit zu Entlassungen führe. Aber es gibt genau diese verheerende Neigung im Management, Massenentlassungen ausschließlich mit den ehernen Gesetzen der Wettbewerbsfähigkeit zu begründen. Eigene Managementfehler werden gar nicht erst in Betracht gezogen. Dabei haben uns etwa die Schneider-Pleite oder das Vulkan-Desaster doch das Gegenteil gelehrt. Die Zeche mußten all jene zahlen, die ihre Arbeitsplätze oder kleinen Betriebe verloren haben. Und wo waren die Aufsichtsräte? Was haben sie beaufsichtigt?

Das beinharte Konkurrenzprinzip, das nach der schlichten, aus amerikanischen Western bekannten Männerdevise: «In dieser Stadt ist kein Platz für uns beide» funktioniert, ist erkennbar destruktiv. Es ist beispielsweise eine der Ursachen dafür, daß in Deutschland alle 18 Minuten ein Betrieb Konkurs anmeldet. Zwischen 30 000 und 40 000 Firmenpleiten im Jahr – und mit ihnen der Verlust von über 500 000 Arbeitsplätzen – sind nicht zuletzt einem gnadenlosen Wettbewerb geschuldet, der häufig völlig sinnlos ist. Daß ein Miteinander in vielen Bereichen ökonomisch vernünftiger ist als ein Gegeneinander, haben gerade einige kanadische Firmen bewiesen und eine Art Innovationspakt geschlossen. Will ein Unternehmen ein neues Produkt entwickeln, stellen die anderen Betriebe die für die Entwicklungsphase erforderlichen Mittel zur Verfügung: Know-how, Arbeitskraft, Geld. Tritt das Produkt dann in die Herstellungsphase, werden alle Firmen, je nach Art und Umfang ihres Einsatzes, am Erlös beteiligt. Ein solches Wettbewerbskonzept sei vielen entwicklungsintensiven Branchen wärmstens empfohlen.

Ich fürchte allerdings, mein Ratschlag wird zur Zeit von einem scharfen Gegenwind in alle Richtungen zerstreut. An der Spitze der Unternehmen sitzen immer mehr Kostenkiller. Um Kosten zu senken, braucht man eben weniger Phantasie als für die Eroberung neuer Marktanteile. Man muß nur genügend Leute rausschmeißen, um prompt das erwünschte Ergebnis zu erzielen. Aber echter Erfolg braucht Zeit. Es kann deshalb ernstlich bezweifelt werden, ob die weitverbreitete Personaldiät-Mode tatsächlich die erhofften Effekte hat. Als die Amerikanische Management-Vereinigung vor einigen Jahren zahlreiche «verschlankte» Firmen gründlich untersuchte, kam sie zu dem überraschenden Ergebnis, daß die erfolgten Entlassungswellen in der Mehrzahl der überprüften Unternehmen zu niedrigeren Gewinnen und sinkender Produktivität der Arbeitskräfte geführt hatten; nur weniger als ein Drittel der Firmen hatte die Gewinne, nur weniger als ein

Viertel die Produktivität steigern können. Es ist schon verblüffend, daß solche Fakten kaum bekannt sind und daß bislang so gut wie keine Lehren daraus gezogen werden.

Wir müssen uns von dem cartesianischen Organisationsprinzip lösen: Ich entlasse, andere beschäftigen. Wir dürfen es uns nicht so einfach machen, die Lösung des Arbeitslosenproblems nur immer in andere Hände zu legen. Wenn ein Unternehmensvorstand gezwungen ist, die Firma zu höherer Rentabilität zu bringen und, um dieses Ziel zu erreichen, Mitarbeiter auf die Straße setzt, dann muß er gleichzeitig auch gesellschaftliche Mitverantwortung übernehmen und versuchen, den von ihm entlassenen Menschen Beschäftigungsalternativen zu verschaffen – etwa bei Firmen der gleichen Branche in der Region. Wer könnte das besser als derjenige, der über Einfluß, Macht und Verbindungen verfügt? Das muß ja nicht zwangsläufig heißen, daß ein solcher Unternehmer auf sein Sylt-Wochenende oder eine Golfpartie verzichten soll, um sich statt dessen als Arbeitsvermittler zu betätigen. Aber ein wenig Engagement und Phantasie darf man ihm schon abverlangen.

Wenn ein Unternehmer in diesem Sinne verantwortlich handelt, strahlt das notwendig aus auf die Deutungsmuster und Einstellungen, auf die Arbeitsmoral und Motivation seiner Belegschaft. Hat man an der einen Stelle gezeigt, es ist möglich, produktiv zu wirtschaften und Verantwortung zu übernehmen, ist bereits eine erste Weichenstellung in Richtung Mentalitätswandel erfolgt.

Alles dreht sich um eine neue Definition dessen, was langfristiges Wirtschaften bedeuten soll. Wenn die Ökonomie im darwinistischen Denken des 19. Jahrhunderts befangen bleibt – der Schnellere lebt länger als der Langsamere, der Stärkere überlebt den Schwächeren – und nicht zu ihrem eigentlichen Ziel, den Wohlstand aller zu mehren, zurückfindet, droht die Gesellschaft zu zerreißen.

Schon heute stehen die meisten Gesellschaften Europas vor dieser sozialen Zerreißprobe. In Frankreich ziehen Arbeitslose aus den Banlieues der großen Städte protestierend durch die Straßen und belagern Luxusrestaurants, um auf sich und ihre Misere aufmerksam zu machen. In Deutschlands neuen Bundesländern gibt es Regionen mit einer Arbeitslosenquote von über 33 Prozent. Das bedeutet, jeder dritte ist betroffen – und damit statistisch jede einzelne Familie. In Großbritannien gibt es seit Dezember 1997 im Kabinettsamt die Abteilung «Social Exclusion Unit», zu deren Sitzungen der Premierminister bisweilen persönlich erscheint. In dieser Abteilung wurden Wissenschaftler, Kommunalvertreter, Polizisten, Geschäftsleute, Pfarrer und Sozialarbeiter zusammengefaßt, um Lösungen für das Problem der sozialen Ausgrenzung zu erarbeiten. Weil aber die Ausgrenzungserscheinungen so vielschichtig und die Ausgegrenzten so unterschiedlich sind, tappt man noch weitgehend im dunkeln, hat aber immerhin im ganzen Land eine Fülle von Pilotprojekten gestartet und sie mit einigen hundert Millionen Pfund ausgestattet.

Im Rahmen dieser Aktion kommen in Schottland, wohl zum ersten Mal in der Geschichte der westlichen Industrienationen, inzwischen sogar «Entwicklungshelfer» zum Einsatz: Sozialarbeiter aus indischen «Community Projects» sind damit beauftragt, in den von Arbeitslosigkeit am schlimmsten betroffenen Gebieten um Glasgow wieder sozial akzeptable Kommunen zu gestalten. Wahrlich keine leichte Aufgabe in einer Umgebung, in der viele Kinder aufwachsen, in deren Familien kein einziger Erwachsener einer regelmäßigen Arbeit nachgeht. Glücklich kann sich preisen, wer hin und wieder im lokalen Supermarkt an der Kasse sitzen darf.

Was für ein Bild vom Dasein, von sich selbst und von anderen Menschen entwickeln Kinder, die in solchen Lebensumständen ihre ersten und prägenden Erfahrungen machen?

Die Vollbeschäftigungs-Lüge

*Das Wahre suchen heißt nicht: das
Wünschenswerte suchen.* (Albert Camus)

Der Kapitalismus des 19. Jahrhunderts hatte die Arbeitskräfte bis an den Rand des Zusammenbruchs geschunden. Männer, Frauen und sogar Kinder mußten an sechs oder sieben Tagen in der Woche für jeweils 12 bis 16 Stunden ihre Haut zu Markte tragen. Diese Zustände, über die sich bekanntlich – und zu Recht – schon Karl Marx empört hatte, haben sich in Westeuropa glücklicherweise nicht durch Revolution, sondern durch technischen Fortschritt verändert. In dem Maße, in dem die meisten schweren körperlichen Tätigkeiten von Maschinen übernommen wurden, nahm die von Arbeit freie Zeit zu, wurde schließlich sogar die sogenannte Freizeit erfunden. Von 82 Stunden im Jahre 1825 sank die durchschnittliche Wochenarbeitszeit in Deutschland auf weniger als die Hälfte. Und bei der Lebensarbeitszeit dürfte der Rückgang noch weitaus dramatischer sein.

Der Mensch könnte also endlich, wie dies schon Johann Gottlieb Fichte gefordert hat, «angstlos, mit Lust und mit Freudigkeit arbeiten, und Zeit übrig behalten, seinen Geist und sein Auge zum Himmel erheben, zu dessen Anblick er gebildet ist». Doch der erfreuliche Trend hat, wie so vieles, eine Schattenseite, er gewinnt eine gefährliche Eigendynamik – ganz so wie im Märchen vom Zauberlehrling, der sich das Wasserholen erleichtern wollte und schließlich zu ertrinken droht: Wir haben einen Prozeß in Gang gesetzt, den wir am Ende nicht mehr beherrschen können, sondern der uns beherrscht.

Im Zuge dieses Prozesses haben wir nun heute gewissermaßen einen anderen Extremzustand erreicht. Percy Barnevik beispielsweise, Chef der Asea Brown Bovery (ABB) und einer der besten Manager, die ich kenne, geht davon aus, daß schon in wenigen Jahren statt heute 35 Prozent nur noch 15 Prozent aller europäischen Beschäftigten in der Industrie oder in industriellen Dienstleistungen tätig sein werden. Das heißt, die uralte Hoffnung einer Menschheit, die ja von jeher Wasser, Wind, Tiere und Technik eingesetzt hat, um sich von mechanischer Tätigkeit zu befreien, scheint ihrer Realisierung nahe. Doch das utopische Ziel erweist sich für viele, die dort schon angekommen sind, als Jammertal.

Die westlichen Industriegesellschaften setzen immer mehr Menschen *komplett* von der Arbeit «frei». Daß diese Freiheit in Wahrheit keine ist, sondern materielle Armut und seelisches Elend bedeuten kann, müssen wir inzwischen mit Bitterkeit erkennen. Auch ich habe Arbeitslosigkeit, solange ich Manager war, rein statistisch erfaßt, nicht sozial oder menschlich. Ich habe sie erst richtig verstanden, mit dem Bauch gespürt, als mein Sohn nach meinem Ausscheiden bei VW auch seinen Job dort verlor – eine Art Sippenhaft – und anschließend 16 Monate lang arbeitslos war. Seine Familie ist daran fast zerbrochen.

Momentan sind in Deutschland etwa sechs Millionen Menschen ohne Arbeit und in Europa nahezu 20 Millionen. Nach jüngsten Schätzungen der Internationalen Arbeitsorganisation (ILO) in Genf stehen weltweit sogar schon mehr als eine Milliarde Menschen ohne Job da – das entspricht ungefähr einem Drittel der gesamten erwerbsfähigen Bevölkerung der Welt. In anderen Worten, der Globalisierung der Wirtschaft korrespondiert eine Globalisierung der Armut. Mehr als 800 Millionen Menschen auf der Welt hungern. Jährlich sterben 12 Millionen Kinder, bevor sie das 15. Lebensjahr erreichen. Und je mehr die Weltbevölkerung zunimmt, desto mehr Bewohner rutschen unter die Armutsgrenze. Im neuesten Armutsbericht des UN-Entwicklungsprogramms UNDP wurde die wachsende Polarisierung sinnfällig auf den Punkt gebracht: Während die Menschheit jährlich 435 Milliarden Dollar für Werbung, 92 Milliarden Dollar für «fast food» und 66 Milliarden Dollar für Kosmetika ausgibt, erhalten die armen Staaten der Welt 46 Milliarden Dollar Entwicklungshilfe pro Jahr. Die reichsten 225 Individuen der Welt verfügen über ein Vermögen von mehr als einer Billion US-Dollar, das entspricht dem jährlichen Einkommen der ärmsten 47 Prozent der Menschheit.

Diese kalt anmutenden Zahlen skizzieren ein politisches, soziales und menschliches Desaster von historisch bisher ungekanntem Ausmaß. Sie addieren sich, sie ballen sich zusammen zu einer drängenden Frage, zu einer ganzen Kette von Fragen: Wie müssen Wirtschaft und Gesellschaft im sich vereinigenden Europa gestaltet und umgestaltet werden, damit das Wort «Zukunft» wieder einen guten Geschmack erhält? Selbstverständlich nicht nur für die Europäer, sondern für alle Bewohner dieses Planeten.

Doch anstatt daß überall um Antworten gerungen wird, kann man leider beobachten, daß sehr viele Menschen das Thema inzwischen satt haben. Es ist schon so viel darüber gesagt, geschrieben und diskutiert worden, ohne daß sich die Situation spürbar verbessert hätte. Wer also nicht direkt von Arbeitslosigkeit betroffen oder bedroht ist, verschließt lieber Augen und Ohren. Das ist verständlich, aber verheerend. Denn der Arbeitslose von heute geht uns alle an; er ist nicht mehr das Opfer einer vorübergehenden Ausgliederung aus dem Wirtschaftsprozeß, die nur einzelne Branchen betrifft. Er ist Teil eines allgemeinen Zusammenbruchs, Opfer einer globalen Logik, einer wirtschaftlichen Heilslehre, die eine ganze Heerschar von Wirtschaftsberatern fortwährend in die Politik trägt. Nur wenn sich die Verwertungsbedingungen für das Kapital permanent verbessern, so deren ökonomische Weltformel, werden neue Arbeitsplätze entstehen. Und daraus folgt: Deregulierung statt staatlicher Aufsicht, Liberalisierung von Handel und Kapitalverkehr, Privatisierung der staatlichen Unternehmen – nichts und niemand soll sich dem Gesetz von Angebot und Nachfrage entziehen.

Wir werden gewissermaßen mehr und mehr «verwirtschaftet», ohne daß unser Bewußtsein mit diesem Prozeß Schritt halten kann. Jeder einzelne, der seine Arbeit verliert, betrachtet sich nach wie vor als persönlich gescheitert. Er urteilt über sich mit dem Blick derer, die über ihn urteilen – ein Blick, der ihn als schuldig betrachtet und der dazu führt, daß er sich fragt, welche Unfähigkeit ihn in diesen Zustand hat geraten lassen. In seiner Verunsicherung läßt er sich dann nur zu gern von dem trügerischen Versprechen einlullen, die von widrigen Umständen hart bedrängte Konjunktur sei bald wieder in Ordnung gebracht, so daß selbst er, der in der Krise Gescheiterte, wieder zu integrieren sei. Das ist zynisch und beleidigend; und es stimmt hinten und vorne nicht.

Arbeitslosigkeit ist in der Regel weder die Folge individuellen Versagens noch die Konsequenz unzureichender «Standortbedingungen». Ja, sie ist nicht einmal mehr mit konjunkturellen Entwicklungen zu erklären. Überhaupt taugt die ganze überkommene Rhetorik von der Vollbeschäftigung als «unserem wichtigsten Ziel» nur noch bedingt. Auch ich habe die Komplexität des Problems erst spät erkannt – und sicher immer noch nicht ganz durchschaut.

Als ich 1990 in meinem Buch «Die Zukunft ruft» neun Maßnahmen zur Bekämpfung der Arbeitslosigkeit zur Diskussion stellte, blieb ich im wesentlichen noch dem Koordinatensystem der klassischen Arbeitsgesellschaft verhaftet. Da ich viele meiner Vorschläge dennoch bis heute für richtig halte, möchte ich sie hier kurz wiedergeben:

1. *Senkung der Staatsquote.* Die Steuer- und Abgabenlast, die 1960 noch 32,9 Prozent betrug, liegt heute bereits nahe an der 50-Prozent-Grenze. Je mehr aber Unternehmer und Bürger in der eigenen Brieftasche behalten, um so lebendiger und positiver wird sich das Wirt-

schaftsleben gestalten. Die steuerlichen Erleichterungen, die in den letzten Jahren durchgesetzt wurden, sind, obgleich längst nicht ausreichend, Schritte in die richtige Richtung.

2. *Maßhalten bei Lohn- und Preissteigerungen.* Gewerkschaften und Unternehmer müssen weiterhin so verantwortlich verfahren wie in der jüngeren Vergangenheit. Lohnsteigerungen, die ohne Blick auf das Lohnniveau benachbarter Länder durchgesetzt werden, hätten zur Folge, daß sich immer neue lohnintensive Gewerbe ins Ausland verlagern müssen, um zu überleben. Auf der anderen Seite haben Preissteigerungen zur Folge, daß die Gewerkschaften zu höheren Abschlüssen gedrängt werden.

3. *Eine am Leistungsprinzip orientierte Schul- und Universitätspolitik.* Ein Land, dessen Wohlstand auf Leistung beruht, kann sich auf Dauer kein Bildungswesen leisten, das diesem Prinzip widerspricht. Und wer glaubt, an der Bildung sparen zu können, handelt zukunftsblind. Statt dessen sollten weit mehr Gedanken und Mittel darauf verwendet werden als bisher, um Bildung und Ausbildung deutlich zu verbessern. Gerade in diesem Bereich liegt unser größtes Zukunftspotential (ich werde ausführlich darauf zurückkommen).

4. *Mindergebildete Arbeitslose müssen sich qualifizieren.* Das Angebot und die Rahmenbedingungen, einen Haupt-, Real- oder Gymnasialabschluß nachzuholen, können in vielen Bundesländern ebenso verbessert werden wie die beruflichen Umschulungsmaßnahmen. Den Betroffenen sollte jedoch auch klarer als bisher die

Mitverantwortung für den eigenen Bildungsstand vor Augen geführt werden.

5. *Verschärfung der Zumutbarkeitsgrenze.* Es muß Arbeitslosen in einem größeren Maß als bisher zugemutet werden, einen Arbeitsplatz anzunehmen, der einen geringeren Lohn bringt als der vorhergehende, sofern der neue Job weniger Qualifikationen voraussetzt. Auch räumliche Mobilität wird eine immer größere Rolle spielen, damit die Wiedereingliederung von Arbeitslosen in den Arbeitsprozeß nicht länger daran scheitert, daß der neue Arbeitsplatz nur am alten Wohnort oder in der nächsten Umgebung gesucht wird. Hierfür wären allerdings geeignete Rahmenbedingungen zu schaffen.

6. *Verstärkte Bekämpfung der Schwarzarbeit.* Die beste Strategie hierfür ist die oben schon genannte Senkung der Steuer- und Abgabenlast.

7. *Allgemeine Stärkung der mittelständischen Wirtschaft.* Nur eine kapitalstarke mittelständische Wirtschaft ist investitionsfähig. Und gerade Investitionen im Mittelstand sind besonders arbeitsplatzträchtig, weil hier nicht so stark rationalisiert und automatisiert werden kann.

8. *Arbeitszeitverkürzung.* Aber nur dort, wo in einer Branche die Voraussetzungen dazu geschaffen wurden. Wo Gewerkschaften Pauschalforderungen für ganze Industriezweige erheben, wird oft das Kind mit dem Bade ausgeschüttet. Arbeitszeitverkürzungen müssen von den Firmen ganz individuell, nach dem Stand der Rationalisierung und der eigenen Situation am Markt vor-

genommen werden können. Sie müssen den Unternehmen eine bessere Kapitalauslastung und den Beschäftigten eine größere Zeitautonomie ermöglichen.

9. *Staatliche Arbeitsplatzbeschaffungsmaßnahmen.* Viele notwendige Aufgaben, etwa im Landschafts-, Natur- und Umweltschutz oder im Sozialbereich, können derzeit nicht bewältigt werden, weil es den Städten, Gemeinden und Kommunen an Geld fehlt. Auf der anderen Seite erhalten rund vier Millionen Menschen Arbeitslosengeld oder Arbeitslosenhilfe ohne unmittelbare Gegenleistung. Das heißt, ihre Arbeitspotentiale liegen brach. Hier müßte der Staat sowohl finanzielle als auch institutionelle Rahmenbedingungen bereitstellen, um die Eigenaktivität der Menschen wirksam zu unterstützen und auf Tätigkeitsbereiche zu lenken, die weder der Markt noch staatliches Verwaltungshandeln allein organisieren können.

Wenngleich ich meine Vorschläge von damals – auf die wichtigsten und erfolgversprechendsten werde ich unten noch näher eingehen – auch heute noch unterschreiben würde, glaube ich, daß all das bei weitem nicht mehr ausreicht, sondern daß wir daneben und darüber hinaus ganz neue Wege gehen müssen. Denn die Probe aufs Exempel ist ja schon gründlich mißlungen. Wir haben in den letzten Jahren durchaus so etwas wie einen Umbau durchgeführt – am deutlichsten ausgeprägt wahrscheinlich in der Automobilbranche. Das heißt, ein Teil der auch von mir geforderten Maßnahmen ist umgesetzt worden: verbesserte Wettbewerbsfähigkeit, stärkere Rentabilität, höhere

Produktivität, niedrigere Lohnkosten, erste Steuererleichterungen usw. Und dennoch ist die Arbeitslosigkeit nicht spürbar gesunken. Dieser Teil des Plans ist offensichtlich nicht aufgegangen. Aber warum nicht?

Ich denke, was diese moderne Wirtschaftswelt prägt, das ist Unsicherheit, Ungewißheit und Schnellebigkeit. Hatte man als Manager vor 20 Jahren noch längere Zeiträume im Blick, etwa drei, fünf oder gar zehn Jahre, so gilt heute schon eine Einjahresplanung als langfristig. Wirtschaftswissenschaftler behaupten inzwischen sogar, daß man nicht mehr zuverlässig über fünfzehn Tage bis drei Monate hinaus planen könne. Aber das hieße doch nichts anderes, als daß keine Planung mehr möglich ist. Und eine Beobachtung des Wirtschaftsgeschehens kann diesen Verdacht ja durchaus nähren. Jeder scheint, trotz hoher Geschwindigkeit, die Augen nur noch auf die eigenen Fußspitzen zu richten. Da ist die Gefahr des Stolperns natürlich groß. Nein, es ist mehr als eine Gefahr: Man wird unausweichlich stolpern.

Die Unternehmer haben schlicht Angst vor der Zukunft, und diese Angst hat sich auch auf Betriebsräte und Gewerkschaften übertragen. Also wird auf der einen Seite alles vermieden, was die Kosten und das Risiko erhöhen könnte, und auf der anderen Seite der kontrollierte Rückzug angetreten, um die noch verbliebenen Besitzstände nicht in Gefahr zu bringen. Man verharrt wechselseitig in seiner Angst, starrt wie das Kaninchen auf die Schlange – bewegungslos.

Jean Cocteau hat einmal gesagt: Ein Idiot, der sich bewegt, ist wichtiger als zehn Intellektuelle, die dasitzen und reden. Ich finde, da ist etwas dran, auch wenn ich davon überzeugt bin, daß Reden, Kommunikation, Austausch auch nicht schaden können. Aber die Dynamik, die einige «Idioten» aufrechterhalten, indem sie etwa in Auslandsmärkte expandieren, auf denen sie sich überhaupt nicht auskennen, ist immer noch besser als Stillstand im Mehltau – und sei es, weil man aus dem Erfolg oder dem Scheitern dieser Hasardeure lernen kann.

Zwischen Passivität und Tollkühnheit gibt es aber ein großes Handlungsspektrum, das es – ja, zunächst einmal nachdenkend – auszuloten gilt. Bei dieser Prüfung können von vornherein einige der «altbewährten» Maßnahmen und Ziele getrost außer acht gelassen werden. Auch dürfte, wer nach den Entwicklungen der letzten Jahre noch behauptet, es handele sich bei der Arbeitslosigkeit um eine vorübergehende Abweichung von der Norm «Vollbeschäftigung», erst gar nicht zur Prüfung zugelassen werden, weil er schon die Eingangsvoraussetzung, zu wissen, wovon die Rede ist, nicht erfüllt.

Amerikanische Volkswirtschaftler sind inzwischen dazu übergegangen, eine Arbeitslosenquote von fünf bis sechs Prozent als bedeutungslos zu ignorieren und den Arbeitsmarkt als vollbeschäftigt zu erklären. Das nennt man wohl amerikanischen Pragmatismus. Doch auch wenn mich die definitorische Beliebigkeit einer solchen Schönfärberei abstößt, sie beruht auf der wichtigen und leider wohl richtigen Einsicht, daß ein bestimmtes Maß an Arbeitslosigkeit im Rahmen einer freien Marktwirtschaft grundsätzlich die Regel sein wird. Es kommt nun darauf an, wie wir damit umgehen.

Die Schlüsse und Maßnahmen, die aus dieser Erkenntnis abzuleiten wären, müssen jedenfalls andere sein als
die, die uns jahrein, jahraus gebetsmühlenartig vorgetra-
gen werden. Wenn deutsche Politiker in immer neuen Va-
riationen versprechen, die Arbeitslosigkeit in diesem oder
jenem Zeitraum zu halbieren, so ist dieses Versprechen
nichts anderes als der Ausdruck eines verantwortungslo-
sen Populismus. Natürlich will jeder, daß die Arbeitslosigkeit bekämpft, am besten beseitigt wird. Doch wo sind die
Konzepte, die diese Aussage glaubwürdig machen? Wo
sind die Ausbildungsprogramme? Wo sind die Investitionsprogramme? Wo sind die Visionen? Wer wider besseres Wissen so vollmundig daherredet, degradiert den
mündigen Bürger zum Mündel. Hintergründe, Zusammenhänge und wahre Sachverhalte beim Namen zu nennen wird unter der von den Politikern offenbar still-
schweigend akzeptierten Annahme vermieden, daß das
(Wahl-)Volk schließlich nicht alles zu wissen brauche.

Man kann heute nicht mehr sagen: Laß uns nur über
die Arbeitslosigkeit reden, das ist unser drängendstes Problem, um alles Weitere können wir uns später kümmern.
Nein. Sobald ich über Arbeitslosigkeit rede, rede ich über
Schule, Ausbildung, Familienleben, über die Verantwortung des Managements, über die Rolle der Politik, über einen neuen Arbeitsmarkt europäischer Prägung. Ich kann
die Arbeitslosigkeit nicht isoliert betrachten und sagen, es
gibt dafür eine Lösung. Aber genauso sind wir über Jahr-
hunderte geformt worden: ein Problem, eine Lösung.
Dieses Schema wird der Komplexität der modernen Welt
längst nicht mehr gerecht.

Homo oeconomicus interruptus

*Alles kommt weniger schlimm, wenn man mit
allem rechnet.* (Seneca)

Es kann kein Zweifel daran bestehen, daß wir uns in einer Wirtschaftskrise befinden. Aber die Ursache hierfür ist in erster Linie eine Orientierungskrise. Wir sind immer noch dem alten Schema verhaftet, jede Investition müßte sofort Rendite erbringen – eine Profitlogik, die ja zuweilen durchaus erfolgreich zu sein scheint. Tatsächlich sehen wir immer wieder kleine Blütenfelder inmitten der Wirtschaftslandschaft, die unsere Hoffnung nähren, nun werde es Frühling, und alles wird gut. In Wahrheit hetzen wir aber, bildlich gesprochen, über ein Laufband, das sich in die Gegenrichtung bewegt; nur durch unermüdliches Rennen verhindern wir eine Rückwärtsfahrt. Noch. Denn das Laufband wird immer schneller, und noch während wir rennen, wissen wir insgeheim längst, daß wir die Geschwindigkeit nicht lange werden durchhalten können.

Eine der entscheidenden Fragen wird deshalb künftig sein, wie wir die Geschwindigkeit drosseln und die materiellen Erwartungen dämpfen können. Denn der in den westlichen Ländern verbreitete Wohlstand wird sich wahrscheinlich nicht aufrechterhalten lassen. Weder politisch noch ökonomisch sehen wir goldenen, wir sehen eher knappen Zeiten entgegen. Das bedeutet – um auf die «Arbeit» zurückzukommen –, wer auf den Konjunkturverlauf fixiert bleibt, der demonstriert damit, daß er zu verantwortlichem Handeln im Sinne einer rationalen Planung wirtschaftlicher und gesellschaftlicher Entwicklung praktisch nicht fähig ist. Mit einem schneidigen «Augen zu und durch» oder mit permanentem Herumkurieren an akuten Symptomen ist man letztlich auf die alte Hoffnung zurückgeworfen, daß der Gesamtprozeß von jener liebevollen «unsichtbaren Hand», das heißt, von irgendeiner überirdischen Vernunft gelenkt werde, die all die irdische Unvernunft schon irgendwie zu kompensieren vermag. Diese Form von Fatalismus mündet in einen Teufelskreis, aus dem es auszubrechen gilt.

Viel zu lange schon haben die Politiker mit kosmetisch geschönten Arbeitslosenstatistiken hantiert und sich der Verbreitung falscher Annahmen und Versprechen mitschuldig gemacht. Viel zu lange schon verfolgt die Politik eine kleingeistige Kalmierungsstrategie: Bloß niemanden verstören. Der kleinste gemeinsame Nenner bestimmt das politische Handeln, nach dem großen systemkorrigierenden, reformerischen Projekt wird gar nicht mehr gesucht. Dabei schreien die heutigen Disproportionen nach entschlossenem Handeln sowie danach, daß endlich alle Beteiligten Verantwortung übernehmen: die Parteien, die Gewerkschaften, die Wirtschaft, die Bürger. Schon jetzt versorgen nur noch etwa 34 Millionen Erwerbstätige in Deutschland über 81 Millionen Menschen. Und täglich klafft diese Schere weiter auseinander. Wie soll das gehen?

Angesichts dieser Situation das verstaubte Lexikon der Konjunkturpolitik aufzuschlagen, unter den Stichwörtern «Binnennachfrage», «Fördermaßnahme», «Investition», «Subvention» oder «Beschäftigungsprogramm» nachzulesen und – Heureka! – derart belehrt «Wachstum, Wachstum, Wachstum» zu rufen, würde selbst im volkswirtschaftlichen Proseminar Heiterkeit auslösen. Wenn es nicht so ernst wäre. Wirtschaftliches Wachstum gilt zwar der deutschen Politik offenbar immer noch als einziger Maßstab für das sozialpolitische Wohl und Wehe dieses Landes, ist aber längst kein Garant mehr für eine Reduzierung der Arbeitslosigkeit. Wenn die Produktivitätssteigerungsraten höher sind als die Wachstumssteigerungsraten, ist es rein mathematisch ausgeschlossen, daß neue Arbeitsplätze geschaffen werden. Und in dieser Produktivitätsfalle befinden wir uns seit Jahren, ohne daß abzusehen wäre, wie wir uns daraus befreien könnten. Im Gegenteil.

Durch den weltweit hohen Wettbewerbsdruck sind die Unternehmen gezwungen, immer stärker zu rationalisieren, abzuspecken, die Kosten zu reduzieren, um effektiver und produktiver zu werden – das heißt, mit immer weniger Mitteleinsatz immer mehr zu produzieren. So bewegen sich die Produktivitätsraten schon heute stets bei drei, vier, fünf oder sogar sechs Prozent, während die Wachstumszahlen, auf die wir in den Industriegesellschaften noch hoffen können, selten über zwei oder drei Prozent liegen. Entsprechend ist es überfällig, offen und vernehmbar zu sagen: Wir werden mit einem «gewissen» Sockel von Arbeitslosigkeit künftig leben müssen. Wie hoch er sein wird, weiß ich nicht. Aber daß es ihn geben wird, dessen bin ich sicher. Er wird zur demokratischen Entwicklung der freien Marktwirtschaft gehören wie das Wasser zum Gemüsegarten.

Deshalb noch einmal: Es kann nicht mehr darum gehen, das Thema Arbeitslosigkeit vom Tisch zu reden, indem wir behaupten, die Krise wäre lösbar. Es geht darum, sie anders anzupacken. Hat man das erst einmal akzeptiert, wird man seinen in wolkigen Höhen umherschweifenden Blick automatisch wieder in die Niederungen des Alltags senken. Und aus dieser Perspektive sieht es dann plötzlich so aus, als bestünde das Hauptproblem gar nicht in der Arbeitslosigkeit an sich, sondern in der Dauer des Ausscheidens aus dem Erwerbsleben.

Tatsächlich scheint mir hier der vielversprechendste Ansatzpunkt zu liegen. Wenn die strukturellen Maßnahmen eines Staates oder einer Wirtschaft vor allem darauf konzentriert würden, die Arbeitslosigkeit so beweglich wie möglich zu halten, also dafür zu sorgen, daß nicht immer dieselben Menschen arbeitslos sind, verlören der Begriff und der Zustand «arbeitslos» einen Großteil ihrer Dramatik und ihres Schreckens. Hierauf müssen wir unsere Phantasie und Kreativität verwenden, zumal die wirtschaftliche Entwicklung eine solche Strategie nahelegt.

Es ist ja nicht wahr, daß es heute weniger Arbeit zu verteilen gäbe. Die Menge an Arbeit hat nicht abgenommen. Wir haben allerdings die Anzahl der Menschen, die diese Arbeit leisten müssen, stark reduziert und ihnen aberwitzige Leistungssteigerungen abgefordert. Diese Tendenz drückt sich beispielsweise in der permanenten Vermehrung von Überstunden aus, die ja zumeist nicht etwa deshalb gemacht werden, weil die Menschen mehr Geld verdienen wollen oder müssen, sondern weil sie ihr Arbeitspensum während der normalen Arbeitszeit nicht mehr bewältigen können. Und dieser Leistungsdruck wird noch verschärft durch die Angst vor dem Verlust des Arbeitsplatzes. In einer solchen Situation und unter dem Druck dieser Angst ist kein Mensch, geschweige denn ein Unternehmen in seiner Gesamtheit, in der Lage, innovativ zu werden.

Meiner Auffassung nach leben wir in Wahrheit gar nicht in einer echten Arbeitslosigkeitsgesellschaft. Wir haben es statt dessen mit der Problematik der Berufslosigkeit zu tun. Das ist etwas völlig anderes. Der Begriff «Beruf» und was er beinhaltet, befindet sich in starkem Wandel. Viele Berufe und Berufsfelder werden morgen und übermorgen erst entstehen, und woran es uns mangelt, ist die Fähigkeit, dies rechtzeitig zu erkennen und ein tragfähiges Bildungs- und Ausbildungsprogramm zu erarbeiten, um die Menschen auf die neuen Berufe vorzubereiten. Hierbei fällt den Unternehmen eine wichtige Rolle zu, denn wer sollte die neuen Anforderungsprofile definieren, wenn nicht die Wirtschaft. Einzig unter der Voraussetzung, daß das Thema Bildung und Ausbildung von den Unternehmen selbst maßgeblich mitgestaltet wird, kann auch das Lernen mit der Entwicklung der Wirtschaft Schritt halten. Dadurch ließe sich vermeiden, daß man Scharen von Menschen ausbildet, um sie anschließend in die Arbeitslosigkeit zu entlassen.

Allerdings darf die Mitverantwortung der Unternehmen im Bildungs- und Ausbildungsbereich nicht zur Alleinverantwortung werden. Mit Jacques Delors warne ich immer gern davor, zu schnell mit der Wirtschaft gemeinsame Sache zu machen, möchte diese Warnung aber nicht als Kritik an den Interessen der Wirtschaft verstanden wissen. Mein Aufruf zur Distanz ist schlicht der Tatsache geschuldet, daß zwischen gesellschaftlichen, volkswirtschaftlichen und betriebswirtschaftlichen Betrachtungsweisen qualitative Unterschiede bestehen. Staatliche und kulturelle Interessen gehen über die Rentabilitätsüberlegungen eines Unternehmens deutlich hinaus.

Insofern halte ich die Neigung einiger großer Firmen, in Zukunft ihre eigenen Schulungssysteme einzurichten, für sehr bedrohlich. Mercedes beispielsweise ist gegenwärtig dabei, eine große Ausbildungsakademie aufzubauen, um künftige Mitarbeiter nach Maßgabe der firmenspezifischen Bedürfnisse möglichst punktgenau «zuzurichten». Niemand interessiert sich dafür, was aus diesen für einen engbegrenzten Bereich ausgebildeten Menschen – «Made by Daimler-Chrysler» – wird, wenn sie, aus welchem Grund auch immer, stolpern und aus dem Betrieb ausscheiden.

Vorreiter eines solchen, auf die Spitze getriebenen Spezialistentums ist der schon legendäre Bill Gates, von dessen atemberaubendem Erfolg ich nach wie vor fasziniert bin. Diese Faszination kann aber nicht meinen Blick auf die äußerst heiklen Aspekte des Phänomens «Microsoft» trüben. Schaut man genauer hin, verliert der Glanz des Erfolges, jedenfalls in meinen Augen, erheblich an Leuchtkraft, und ich hoffe sehr, daß der Blick auf diesen Konzern kein Blick in die Zukunft ist. Denn die konsequente Personalpolitik von Microsoft besteht darin, junge, noch modellierbare Anfänger von den High-Schools zu rekrutieren und ihnen den Geist der Firma einzuhauchen, so daß sie regelrechte Microsoft-Wesen werden. Damit sind wir nicht weit entfernt von jener «schönen neuen Welt», die Huxley in seinem bekannten Buch beschrieben hat.

Das heißt übrigens nicht, ich wolle behaupten, daß Bill Gates ein schlechter Mensch sei. Ich denke, er hat das Problem, daß die konventionellen Ausbildungswege auf viele Arbeitsbereiche nicht mehr hinreichend vorbereiten und den neuen Anforderungsprofilen nicht mehr gerecht werden, richtig erkannt. Er hat aber unangemessen, überzogen darauf reagiert, indem er gar nicht erst versucht hat, Einfluß auf dieses Ausbildungssystem zu nehmen, sondern zu einer Radikallösung griff: Wenn Gesellschaft und Politik mein Nachwuchsproblem nicht lösen, mache ich mich eben von den bestehenden Strukturen unabhängig und organisiere meine Firma als eigenen, von der Außenwelt abgeschotteten Micro-Kosmos. Nach mir die Sintflut!

Zwischen dieser amerikanischen «Ein-Mann-muß-tun-was-ein-Mann-tun-muß»-Attitüde und der deutschen «Das-haben-wir-doch-schon-immer-so-gemacht»-Haltung müssen wir einen Weg finden, der die Wirtschaft gerade nicht noch weiter von der Gesellschaft entfernt, sondern wieder auf sie zuführt. Jahr für Jahr entstehen mehr als 100 neue Berufsbereiche, und wir müssen und können uns diese Entwicklung zunutze machen. Dabei sollte klar sein, daß sich das Verschwinden alter und das Entstehen neuer Berufe nicht bruchlos vollziehen kann. Hierbei entstehen zwangsläufig Lücken, in die dann die sogenannten Arbeitslosen fallen.

In Zukunft wird jeder von uns mindestens einmal im Leben, vermutlich öfter, arbeitslos werden, weil der wirtschaftlich-technische Fortschritt es mit sich bringt, daß es ab und an zu einer Unterbrechung der Berufsbiographie kommt, daß wir angesichts technologischer Neuerungen ständig umlernen müssen, daß alte Berufe nicht mehr gefragt sind und neue entstehen. Wir sollten deshalb alles daransetzen, Lern- und Umbildungsprogramme zu entwerfen, die die Zusage gerechtfertigt erscheinen lassen, daß eine Phase der Berufslosigkeit nie länger als maximal drei bis sechs Monate dauert. Diese Art von Durchlässigkeit und Beweglichkeit würde den Arbeitsmarkt auf eine ganz neue Basis stellen – und ihn gewissermaßen erst europafähig machen. Ich komme darauf zurück.

Bevor ich das tue, kann ich aber nicht umhin, mich unbeliebt zu machen und einen neuralgischen Punkt anzusprechen. Der Slogan der sechziger, siebziger und achtziger Jahre lautete: Weniger arbeiten, damit jeder arbeiten kann. Doch dieser Weg wird auf der neuen Landkarte der globalisierten Wirtschaft nicht mehr zum Ziel führen. Das zusätzliche Credo des nächsten Jahrhunderts wird und muß daher lauten: Weniger verdienen, damit jeder etwas verdienen kann. Eine solche Parole möchte sich natürlich niemand auf die Fahne schreiben, sie ist äußerst unpopulär. Aber genau mit dieser sozialpolitischen Herausforderung werden wir uns auseinandersetzen müssen, und zwar nicht allein in Deutschland, sondern weltweit.

Wer an die Quelle will, das wissen sogar die Lachse, muß gegen den Strom schwimmen.

Wir können nicht mehr wie in der Vergangenheit darauf hoffen, daß wirtschaftliches Wachstum unsere Schwierigkeiten lösen und all die zusätzlichen Arbeitsuchenden absorbieren wird. Technologischer Wandel bedeutet, daß die Produktivität weiter steigen wird und damit auch immer mehr Menschen von den alten Beschäftigungen «freisetzt», und zwar im buchstäblichen Sinne. Das Wachstum der modernen Marktwirtschaft gehorcht primär den Regeln des Geldes, nicht mehr denen der Produktion. Und die durch steigende Produktivität wachsenden Gewinne werden dem Wirtschaftskreislauf häufig schlicht entzogen: Sie werden weder an die Kunden weitergegeben (geringere Preise) noch reinvestiert (mehr Arbeitsplätze), sondern als Reserve kumuliert oder an die Aktionäre ausgeschüttet.

Wir müssen in dieser Situation, die sich ja nicht von selbst verändern wird, anfangen, das Undenkbare zu denken, wenn wir massive soziale Konflikte vermeiden wollen. Wir müssen über Methoden der Neuverteilung von Arbeit und Einkommen reden. Hierbei werden wir nicht umhinkönnen, in Zukunft wieder mehr Eigenverantwortung zu übernehmen. Weder der Markt noch der Staat können und sollen alle Bedürfnisse der Menschen befriedigen. Wenn es aber nun sowohl brachliegende Arbeitspotentiale gibt als auch unbefriedigte gesellschaftliche Bedürfnisse, dann müssen Rahmenbedingungen geschaffen und sicher auch einige finanzielle Transfermittel zur Verfügung gestellt werden, um die Eigenaktivität der

Menschen (in Zusammenarbeit mit gesellschaftlichen Organisationen, Kirchen, Wohlfahrtsverbänden usw.) wirksam zu unterstützen.

Zu einer ähnlichen Empfehlung kommen übrigens auch die Autoren Orio Giarini und Patrick M. Liedtke in ihrem Bericht an den Club of Rome mit dem Titel: «Wie wir arbeiten werden». Auch sie zeigen sich überzeugt, daß wir uns von der Vorstellung, der Marktsektor der Ökonomie könne noch einmal so etwas wie Vollbeschäftigung herstellen, endgültig zu verabschieden haben. Sie schlagen ebenfalls einen öffentlich organisierten Sektor gemeinnütziger Arbeit vor und plädieren darüber hinaus für eine Aufwertung der bislang volkswirtschaftlich vernachlässigten Eigenarbeit. Das alles ginge aber nur als Nullsummenspiel, setzt also die Bereitschaft zu partiellem Verzicht, zum Teilen voraus.

Nun klingen derartige Appelle an die Solidarität immer etwas naiv und utopisch. Aber es gibt gelegentlich Zeichen, daß die Menschen solidarisch umzudenken und zu handeln beginnen. Damit meine ich nicht in erster Linie die wirklich bewundernswerte Spendenbereitschaft der Deutschen. Denn es ist noch ein Unterschied, ob ich eine einmalige und steuerbegünstigte Spende an die Opfer der Oderflut überweise – ohne daß ich dies im geringsten schmälern möchte – oder ob ich dauerhaft auf Teile meines Einkommens verzichte. Doch auch hierfür gibt es Beispiele: Firmen, deren Belegschaften weniger Arbeitsstunden und niedrigere Löhne akzepiert haben, um Entlassungen zu verhindern – ich habe die entsprechenden Einigungen etwa bei Thomson und Michelin oben schon erwähnt. Dies sind Anzeichen dafür, daß Menschen angesichts eines ernsten Problems zu teilen bereit sind, daß sie in der Lage sind, im buchstäblichen wie im übertragenen Sinne «beweglich» zu sein.

Eine Kultur der Beweglichkeit

Margerite und Allradantrieb

Unsere Natur ist in der Bewegung, völlige Ruhe ist der Tod. (Blaise Pascal)

Jeder kennt und schätzt vermutlich die Vorteile, die entlastende Wirkung von routinisierten Handlungen und Arbeitsabläufen. Ohne ein Mindestmaß an Routine, an Gleichlauf, befänden wir uns wahrscheinlich im Dauerstreß. Schon Diderot lobte die Routine, weil erst die Wiederholung dem Menschen ermögliche, «die Einheit von Geist und Hand» zu erreichen und ihn lehre, eine gegebene Aktivität zu verändern. Und dennoch ist Routine auch gefährlich. Sie kann in Monotonie umschlagen und zur Sinnvergessenheit führen. Routinehandeln – beispielhaft sei die Fließbandarbeit genannt – tendiert dazu, in Selbstlauf überzugehen und den gestaltenden, fragenden, sinnbestimmten Menschen zu einer Restgröße zu degradieren. Gegen solche Erstarrung hilft nur Beweglichkeit, die Fähigkeit und Bereitschaft, immer wieder aus der Routine – und sei es spielerisch – herauszutreten, auszubrechen, um Distanz zu seinem Tun zu gewinnen und sozusagen auf eigene Faust zu handeln. Nur so entsteht Neues.

In der Tat brauchen wir heute eine ganz neue Beweglichkeit in jeder nur erdenklichen Hinsicht – auf seiten

der Politik, der Unternehmer, der Manager, der Arbeitnehmer –, damit die wirtschaftlichen und gesellschaftlichen Entwicklungen eben nicht ihrem Selbstlauf über-
lassen bleiben, sondern wieder steuerbar werden. Dabei
müssen wir, die wir daran gewöhnt sind, für jeden Sup-
pengeschmack ein entsprechendes Tütchen zu bekommen, in dem alles fix und fertig vorbereitet ist, zunächst
einmal akzeptieren, daß es eben nicht auf jede Frage
gleich eine Antwort geben wird. Schnelle Instantrezepte
gab es genug, der nicht abreißende Strom der Manage-
ment-«Kochbüchern» beispielsweise hat uns schon zu
lange in falscher Sicherheit gewiegt und uns sozusagen
den Geschmack verdorben.

Ein System zu kaufen, es als Pflaster einfach auf die
Wunde zu legen, hilft nicht. Solche blinden Problemlö-
sungsstrategien, die allesamt am Schreibtisch ausgedacht
worden sind, waren vor allem in den achtziger Jahren en
vogue. Aus Amerika und Japan wurden die unterschied-
lichsten «Unternehmensphilosophien» importiert, und
mit jeder Mode wurde erneut postuliert, man habe nun
aber wirklich den Stein der Weisen gefunden und müsse
nur noch die Organisation im eigenen Unternehmen entsprechend umstellen. Erst hieß es beispielsweise «Total
quality excellence» – was das bedeutet, ist im Grunde
gleichgültig –, und viele Firmen haben sich sofort darauf
gestürzt. Dann traten Gurus der Teamarbeit auf, und wieder haben viele Unternehmen ihre Arbeitsorganisation
neu ausgerichtet. Fast zwangsläufig ergaben sich mit jeder
Umstellung neue Probleme, wofür dann im Handumdre-
hen ein nächstes Paradigma als Lösung offeriert wurde:

Rückkehr zu Top-down-Modellen der Administrierung von Innovation; dagegen kämpfte sogleich die Bottom-up-Bewegung – und so weiter und so fort. Wenn man die letzten 20 Jahre Revue passieren läßt, drängt sich der Eindruck auf, daß viele Firmen wie in einem Milchmixer immer neu durchgequirlt wurden. Das ist nicht die Beweglichkeit, die ich meine.

Und es gab ja nicht nur Theorien der Neuorganisation von Arbeit, sondern auch eine tiefe Verunsicherung angesichts rasant aufstrebender Nationen: erst Japan, dann die Tigerstaaten, dann wieder Amerika. Stets wurde – und wird heute zum Teil immer noch – allen Ernstes die Frage diskutiert, von welchem Land man am ehesten zu lernen habe, welches Modell man kopieren könne. Dabei hat es mich immer befremdet, zu sehen, wie töricht solche Diskussionen verliefen: als könne man zum Beispiel von Japan lernen, ohne Japan wirklich begriffen zu haben. Und noch während in Deutschland Japan als Modell propagiert wurde, hatte sich in Japan selbst Verunsicherung breitgemacht. Dort begann man zu glauben, daß Korea beispielgebend sei – die Entwicklung läßt sich ad infinitum fortspinnen.

Diese Form der verzweifelten Suche nach Weisheit und der oft hilflosen Reaktion auf wirtschaftliche Moden verweist uns zurück auf den tiefer liegenden Zusammenhang von Kultur, Erziehung und Wirtschaft. Die obige Sichtweise unterschlägt, wie tief die Arbeitswelt – Tugenden und Schwächen, Fähigkeiten und Stärken – in der jeweiligen Kultur eines Landes verwurzelt ist. Ich bin deshalb davon überzeugt, das beste System zur Organisation einer

Firma ist dasjenige, das auf der eigenen Kultur, der eigenen Geschichte, den eigenen Sitten und Gebräuchen beruht. Dieser Basis muß man sich vergewissern, um von ihr aus der Frage nachzugehen, welches die mit den eigenen Grundlagen, Fähigkeiten und Werten verträglichen kreativen, neuen Lösungen sind.

Ich glaube sagen zu können: Ich weiß, wovon ich rede. Ich habe im Laufe meiner Karriere bei zwei französischen Unternehmen (Citroën und Renault), einem amerikanischen (Ford) und einem deutschen (Volkswagen) gearbeitet. Und ich konnte dabei lernen, daß die Methoden, die in einem Unternehmen richtig, weil motivierend und erfolgreich waren, mitnichten den Mitarbeitern eines anderen Unternehmens umstandslos aufgepfropft werden können. Wer auf diese Art und Weise nach einem Königsweg für ein erfolgreiches Management sucht, wird ebensowenig fündig werden wie der Leser der erwähnten Rezeptbücher. Es gibt kein Allheilmittel für die ganze Wirtschaft. VW kann man nicht führen wie Ford und Ford nicht wie BASF und BASF nicht wie einen mittelständischen Betrieb. Für jede Firma müssen spezifische Lösungen erarbeitet werden.

Entscheidend dabei sind die Elemente der Motivation und der Kreativität. Denn die Kunst des Managements ist nach meinem Verständnis nicht die Kunst des Profitmachens, sondern die Kunst, das betriebswirtschaftlich Mögliche mit dem volkswirtschaftlich und gesellschaftlich Nötigen zu verknüpfen, also ein komplexes System zu lenken, in dem Leistung und Verantwortung für die Gesellschaft untrennbar miteinander verflochten sind. Für die Ausübung dieser Kunst sind Charaktereigenschaften viel wichtiger als fachliche Qualifikation. Die hohe Spezialisierung, die heute in den Unternehmen vorherrscht, ist in meinen Augen sogar drauf und dran, von einem Wettbewerbsvorteil in einen Nachteil umzukippen. Auch der bestausgebildete Fachmann wird auf Dauer keinen Erfolg haben, wenn er es nicht versteht, mit Menschen umzugehen und die Welt mit einem Weitwinkelobjektiv einzufangen.

Der enge Blickwinkel des Experten ist antiquiert. Eine gute Qualifikation ist heutzutage dasjenige, was übrigbleibt, wenn einer alles, was er einmal lernte, vergessen hat. Die Vielschichtigkeit der Welt mit ihren globalen Wechselbeziehungen, die beispielsweise dafür sorgen, daß Einbrüche an der koreanischen, russischen oder brasilianischen Börse die Konjunkturentwicklung in Deutschland empfindlich beeinflussen, erfordert neue Antworten durch die Unternehmen: Gefragt sind Manager mit Improvisationsvermögen, Anpassungsfähigkeit, Internationalität und Teamgeist.

Wie ich mir das idealerweise vorstelle, läßt sich an einem Modell veranschaulichen, das ich «Allradantrieborganisation» nennen möchte. Damit meine ich eine Unternehmensorganisation mit vier gleichrangigen Antriebszentren, wobei nur die beiden vorderen «Räder», wie beim Auto, lenkbar sind. Das linke Vorderrad steht für Vertrieb, das rechte Vorderrad für Personal und Finanzen. Das linke hintere Rad steht für Produktion und Planung, hinten rechts sitzen Forschung und Entwicklung. Alle vier Räder müssen synchron laufen, mit demselben Rhythmus, keines darf sich schneller drehen als die anderen, sonst funktioniert das mit dem Allradantrieb nicht mehr richtig. Das erfordert, bei aller Eigenständigkeit der Abteilungen, ein Höchstmaß an Transparenz, Harmonie und gegenseitiger Akzeptanz.

Ist das Unternehmen exportorientiert, sollte man versuchen, die unterschiedlichen Stärken verschiedener Nationen zu einem kompetenten Ensemble zu bündeln – so wie dies sehr erfolgreich beim europäischen Flugzeugprojekt Airbus gelungen ist. Die Finanzen übergebe ich beispielsweise einem Schotten, die Personalleitung übertrage ich, wegen der langen sozialen Tradition, einem Schweden, den Vertrieb regelt ein Holländer, die Produktion leitet ein Deutscher, und um Forschung und Entwicklung kümmert sich ein Italiener oder Franzose. Ans Steuer schließlich würde ich einen Spanier setzen, weil die Spanier – ein Klischee sei mir erlaubt – über den erforderlichen Ehrgeiz verfügen, Nach-, Auf- und Überholmanöver erfolgreich durchzuführen. Ein solches europäisches Unternehmen – die Geschäftssprache wäre Englisch – hätte meines Erachtens die allergrößten Aussichten auf Erfolg.

Die Organisationsstruktur ist äußerst variabel. Man könnte, nein, müßte je nach Parcours und Strecke, nach den spezifischen kulturellen Bedingungen eines zu erschließenden Marktes, die Räder auswechseln. Häkkinen ist bei trockenem Wetter besser als Schumacher, sobald es aber ein bißchen regnet, ist Schumacher der bessere. Will man also beispielsweise in China oder Vietnam, in Mexiko oder Südafrika investieren, wäre es absurd, den Vertrieb von einem Amerikaner, Deutschen oder Holländer

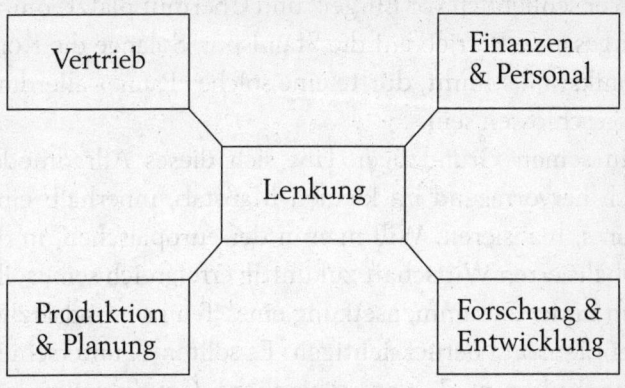

organisieren zu lassen. Man müßte dann die Abteilungen entsprechend den jeweiligen Gegebenheiten neu vertei-len und selbstverständlich mit Personen besetzen, die mit der Wirtschaft, Kultur und Mentalität in der betreffenden Region bestens vertraut sind.

Es ist übrigens leicht ersichtlich, daß im Rahmen eines solchen Organisationsmodells bestimmte Fehlentwick-lungen, wie ich sie beispielsweise oben unter dem Stich-wort «Diktatur des Angebots» angesprochen habe, weni-ger wahrscheinlich werden. Da der Vertrieb, der ja die Stimmen und Bedürfnisse der Kunden sehr genau zu re-gistrieren hat, in meinem Allradantriebssystem ein Len-kungselement darstellt, müssen die Hinterräder der von ihm eingeschlagenen Richtung folgen. Alle Unterneh-mensbereiche stehen in permanentem Feedback. Würden Forschung und Entwicklung eine eigene Kreativität entfalten und den Luftdruck ihres Reifens derart erhöhen, daß er schließlich vor Ehrgeiz und Übermut platzt, müßte der gesamte Betrieb auf die Standspur. Solange die Kommunikation stimmt, dürfte eine solche «Panne» allerdings ausgeschlossen sein.

In seinen Grundzügen läßt sich dieses Allradmodell auch hervorragend im kleinen Maßstab, innerhalb eines Teams, realisieren. Will man in der europäischen, in der globalisierten Wirtschaft zukünftig erfolgreich sein, sollte man in der Zusammensetzung eines Teams grundsätzlich drei Elemente berücksichtigen: Es sollten 1. unterschiedliche Kulturen, 2. unterschiedliche Generationen und 3. unterschiedliche Geschlechter vertreten sein. Und diese Zusammensetzung wiederum könnte und sollte je nach Aufgabe, Produktbereich oder Zielmarkt variiert werden. Das setzt natürlich ein hohes Maß an Flexibilität und Enthierarchisierung voraus.

Das alles ist allerdings noch Zukunftsmusik. Wenn ich auf meine eigene Geschichte zurückblicke, bin ich noch im nachhinein positiv überrascht, in welchem Umfang ich innovative Impulse im Automobilbereich setzen konnte, wie lange ich, als Außenseiter, in dieser verantwortungsvollen Position geblieben bin und wie stark doch letztlich bei aller Kritik die Zustimmung von ganz wichtigen Kollegen gewesen ist.

Als ich beispielsweise vor vielen Jahren zu meinen Marketingspezialisten bei Ford gesagt habe: Versuchen wir doch einmal, nicht Geschwindigkeit und Stärke zu verkaufen, sondern Sicherheit, erwiderten die amerikanischen Kollegen: «Safety doesn't sell one automobil!»

Meine Antwort: Mag sein, vielleicht bin ich der Entwicklung einige Jahre voraus, aber ich bin sicher, daß «safety» ein Verkaufsargument der Zukunft sein wird.

Nun war es ja kaum möglich, mich in dieser Frage offen zu attackieren. Schließlich konnte sich schwerlich jemand hinstellen und polemisieren: Hört euch mal den Spinner an, er will Sicherheitsautos verkaufen! Er will doch tatsächlich, daß sich die Anzahl der Verkehrstoten signifikant reduziert, und wir sollen dazu beitragen! Nein, man nahm meine Argumente geduldig auf, brachte behutsam Gegenargumente vor, kam meinem Anliegen einen winzigen Schritt entgegen und stellte in der Folge fest, daß ich mit meinem Vorschlag gar nicht so falsch gelegen hatte.

Das erkannten zunächst auch die Autoversicherer. Die Allianz sagte zu, daß alle Fahrer eines mit ABS ausgestatteten Neuwagens einen Rabatt von zehn Prozent erhalten würden. Das war erfreulich, und es war ein gutes zusätzliches Verkaufsargument. Als allerdings absehbar wurde, daß sich diese Sicherheitstechnik sehr schnell zum Standard entwickeln würde, hat man sich rasch eines Schlechteren besonnen und zog das Angebot wieder zurück. Wie schwer dieser Rückzieher zu begründen war, läßt die haarsträubende Rechtfertigung erahnen: Weil die Menschen nun ein hervorragendes Bremssystem haben, würden sie verleitet, unvorsichtiger, leichtsinniger und schneller zu fahren und dadurch vermehrt Unfallsituationen provozieren. Eine Absurdität.

Nun gut, die Absicht ist leicht zu durchschauen und das Ende der Geschichte hinlänglich bekannt: Heute wird kaum noch ein Neuwagen ohne ABS, ohne Airbags und ohne Seitenaufprallschutz verkauft. Für mich ist das, trotz mancher Bremsmanöver, ein Beleg dafür, daß bei aller Irrationalität, die mehr im persönlichen Bereich anzusiedeln ist, und bei all den zweifellos vorhandenen Verkrustungen doch Chancen bestehen, die Einsicht in das Notwendige zu verbreiten. Dazu gehört außer Mündigkeit sicher auch noch ein dickes Fell. Aber ich sehe realistische Chancen, die Verantwortlichkeiten neu zu regeln.

Voraussetzung hierfür wäre, daß man sich von allzu starren Systemvorgaben zu emanzipieren bereit ist. Der Manager der Zukunft wird weniger sich selbst und sein gespeichertes Wissen ins Licht rücken, sondern seine Mitarbeiter motivieren, ihre Kreativität und Risikobereitschaft fördern. Er sollte keine Rolle spielen, sondern ganz er selbst sein.

Wie leicht das gesagt und wie schwer das durchzuhalten ist, habe ich während meiner eigenen Karriere häufig genug erfahren müssen. In allen Firmen, für die ich tätig gewesen bin, war es stets äußerst schwierig, offen über ungewöhnliche Ideen zu diskutieren. Ein fragender, um Rat und gemeinsame Lösungen suchender Manager, der eigene Wissenslücken oder sogar Fehler eingesteht, paßt offenbar so gar nicht in das weitverbreitete Selbst- und Fremdbild. Manager sind wie Ikonen. Keiner hat ein Interesse daran, an diesem Image zu kratzen. Wer es dennoch tut, muß es aushalten, im günstigen Fall als Paradiesvogel, im ungünstigen Fall als Nestbeschmutzer bezeichnet zu werden.

Solange die Praxis des Managements so ist, wie sie ist,

kann ich mit beiden «Auszeichnungen» gut leben. Über diese Praxis und über meine eigenen Erfahrungen als Manager habe ich in meinem Buch «Wie ein Vogel im Aquarium» ausführlich berichtet. Die Resonanz darauf und die Zustimmung, die ich erfuhr, waren so überwältigend, daß ich mich bestärkt fühle, den eingeschlagenen Weg weiterzugehen und die dort begonnenen Überlegungen zu vertiefen.

Das bewegliche Management

*Wenn ich meine Füße ruhen lasse, hört auch
mein Kopf auf zu funktionieren.* (J. G. Hamann)

Der Manager von heute ist Gefangener eines Systems,
das ihn, um den Preis des beruflichen Überlebens,
dazu verdonnert, in möglichst kurzer Zeit den größtmög-
lichen Erfolg zu haben. Und dies läßt sich kurzfristig eher
durch Kosteneinsparungen erreichen als durch unterneh-
merische Expansion und durch Innovation. Und wo sind
die größten Einsparungseffekte zu erzielen? Natürlich bei
den Personalkosten. Arbeitnehmer zu entlassen ist so geradezu ein «must» in der deutschen Wirtschaft geworden.
Schon die Ankündigung, Arbeitsplätze abzubauen, lassen
die Aktienkurse eines Unternehmens steigen. Als etwa
Jürgen Schrempp im Mai 1995 die Führung von Daimler-
Benz übernahm, legte er sofort Fokker und AEG still und
kündigte an, im Laufe der folgenden drei Jahre mehr als
50000 Stellen zu streichen. Die Daimler-Aktie schnellte
daraufhin sofort um satte 20 Prozent in die Höhe; die Aktionäre wurden praktisch über Nacht um rund zehn Milliarden Mark reicher. «Wall Street Journal» und «Business
Week» feierten Schrempp dafür quasi zur Belohnung als
Revolutionär, der den deutschen Schmusekurs mit den
Arbeitnehmern endlich aufgekündigt habe.

Welch eine perverse Entwicklung. Für andere Maßnahmen, wie Umstrukturierungen, Erfindung neuer Produktlinien, Förderung von Teamgeist und Kreativität, hat der Manager in der kurzen Frist, in der er sich beweisen muß, gar nicht genug Zeit. So resultiert aus dem Zwang zum schnellen Erfolg eine zunehmende soziale Kälte, eine Gleichgültigkeit gegenüber der sozialen Realität.

Der Slogan «Wir sind alle eine Familie» ist nur noch ein bloßes Lippenbekenntnis. Das Wir-Gefühl ist dem Manager gründlich ausgetrieben worden. Welcher Vorstand steigt schon aus seinem Büro vom zehnten Stock ins Erdgeschoß, um zu sehen, wie sein Laden wirklich läuft? Und wenn sich doch einmal jemand in die unteren Etagen verirrt, dann bloß, um Sachprobleme zu lösen, aber nicht um den Puls der Mitarbeiter zu fühlen. Und so verwechselt man Verantwortung mit Effizienz.

Ich erinnere mich an ein Erlebnis bei Ford, über das zu erzählen mir heute noch schwerfällt. Ich war bereits seit über drei Jahren Chef der deutschen Fordwerke, als ein Vorstandskollege nach einer Sitzung zu mir kam und mir vorschlug, unsere Behindertenwerkstatt zu besichtigen. Ich wäre am liebsten im Boden versunken. Denn bis zu diesem Zeitpunkt hatte ich nicht einmal gewußt, daß wir eine solche Einrichtung überhaupt haben. Ich hätte es aber wissen müssen. Natürlich hätte dieses Wissen weder mich noch den Verlauf meiner Karriere verändert, aber vielleicht das Leben oder die Berufszufriedenheit einiger Menschen.

Für derlei «Sentimentalitäten», für Gefühle – und darin sehe ich eine der entscheidenden Beschädigungen durch den Turbokapitalismus – gibt es jedoch so gut wie keinen Raum mehr. So sind beispielsweise auch Freundschaften unter Managern höchst selten. Das, was Freundschaft ausmacht, die Rückhaltlosigkeit, die Bedingungslosigkeit, das voraussetzungslose Geben und Nehmen, ist fast nicht möglich. Wenn man, wie ich, in derselben Branche von Firma zu Firma gewandert ist, dann erfordert dies unter den gegebenen Umständen zwangsläufig, immer wieder die alten Bekanntschaften und Freundesbeziehungen aufzugeben. Gestern noch geschätzter, vielleicht sogar befreundeter Kollege, heute Konkurrent.

Ohnehin werden 50 bis 60 Prozent der eigenen Energie dafür vergeudet, die persönliche Position abzusichern. Das heißt nicht, daß man keine fähigen Leute um sich duldet – das wäre ja auch dumm. Aber man beobachtet sie ganz genau. Und wenn man merkt, daß einer, um es salopp zu sagen, weiter pinkeln kann als man selbst, wenn man also befürchtet, daß ein anderer aus dem professionellen Umfeld einem das eigene Territorium streitig machen könnte, dann wird das Revier verteidigt. Man läßt ein paar Gerüchte los, man hebt, für alle Umstehenden deutlich sichtbar, die Augenbraue, man läßt jemanden auflaufen. Ich bin sehr schlecht in diesem Spiel gewesen. Auch Frauen sind darin übrigens nicht sehr gut. Das sind klassische Männerspiele, bei denen es um die Vorherrschaft, die Rolle als Leittier geht. Der Konkurrent wird entweder «gemobbt», also gezielt herabgewürdigt und ausgetrickst, oder aber weggelobt, notfalls bis ins Ausland. Ich nenne das, abgeleitet aus der Politik, das Biedenkopf-Syndrom.

Es ist klar, daß ein Manager so mit jeder Sprosse auf der

Karriereleiter einsamer wird. Und das hat weitreichende Konsequenzen auf seine Wahrnehmungen und Fähigkeiten. Denn je höher ein Manager kommt, desto mehr entfernt er sich vom normalen Leben. Er wohnt im feinen Stadtviertel, geht zum Golfclub, unterwirft sich einem strengen Terminplan, arbeitet an vielen Tagen achtzehn Stunden, betrachtet seine Familie und sein Zuhause bestenfalls noch als Schlafstätte oder als Ferienprojekt, und wenn man wie ich einen Chauffeur hat, dann verlernt man schlußendlich auch noch, die Autotür selbst aufzumachen. Man ist fast immer mit denselben Leuten zusammen, trifft Entscheidungen in Sitzungen, die stereotyp, steril und akademisch ablaufen; man weiß nicht mehr, wieviel ein Pfund Butter kostet oder wie man seine Tochter im Handballverein anmeldet. Zum Geld verliert man ohnehin jedes normale Verhältnis. Die Vorstellung, 6000 DM im Monat zu verdienen, hätte mich damals in Panik versetzt: Wie sollte man denn damit auskommen?

Wie lebensuntüchtig ich geworden war, habe ich erst nach meinem Ausscheiden bei VW bemerkt – und ich stolpere zuweilen bis heute über diese Defizite. Als ich kürzlich von Frankfurt nach Dortmund wollte, mußte ich mir am Hauptbahnhof einen Fahrschein kaufen. Ich habe darin, zugegebenermaßen, nicht sehr viel Erfahrung, das haben immer andere für mich erledigt. Ich stelle mich also im Reisezentrum in die Schlange der Wartenden, und als ich endlich an der Reihe bin, sagt mir die junge Frau hinter dem Schalter freundlich, aber bestimmt, für das Ticket, das ich benötigte, stünden draußen Automaten bereit. Ich gehe also zu einem Automaten und versuche, einen Fahrschein zu lösen. Wie nicht anders zu erwarten, es funktioniert nicht, besser gesagt: Ich weiß nicht, wie es funktioniert. Da kommt, wie aus dem Himmel, eine ganz leise, junge Stimme und fragt: «Kann ich Ihnen helfen?» Ich drehe mich um, und da steht ein etwa Zehnjähriger. «Wo wollen Sie denn hin?» Dortmund. Er tippt dreimal auf die Tastatur. «Wollen Sie hin und zurück?» Nein, nur hin. Ein Tastendruck. Dann taxiert er mich mit scheinbar geschultem Auge: «Erste Klasse?» Ja, erste Klasse. Ein erneuter Tastendruck, und auf dem Display erscheint der Preis: 60,50 DM. «Haben Sie einen Hunderter? Dann schieben Sie ihn rein.» Ich tue, was er sagt, und es kommt das Wechselgeld. Und was mache ich natürlich? Ich stecke die Scheine ein und gebe ihm die Münzen. Er bedankt sich ganz herzlich und wünscht mir eine gute Reise. Doch ich sage: Moment, du gehst nicht weg, du hast mir einmal geholfen, aber ich möchte nicht dumm sterben, ich möchte mir das nächste Mal selbst helfen können. Da guckt er mich selbstbewußt an und fragt: «Wollen Sie meinen Job killen?» Das war schon toll. Er hat sich geweigert, mir zu zeigen, wie es funktioniert. Er kam nach der Schule zum Bahnhof, um sein Taschengeld aufzubessern, und war nicht bereit, sein Betriebsgeheimnis zu lüften. Die Alltagsschwäche von mir und meinesgleichen ist schließlich sein Kapital. «Und außerdem mag ich es, alten Leuten zu helfen.» Die Betonung lag auf «alt». Das gab mir den Rest.

Der Erfolg dieses Jungen spricht dafür, daß ich kein Einzelfall bin. Doch während die Mehrzahl seiner Kundschaft – ein vermutlich schnell wachsender Kundenkreis – vor allem ältere Menschen sein dürften, jedenfalls älter als ich, die mit der Rasanz des technischen Fortschritts nicht mehr Schritt halten können, war ich der Realität aus anderen Gründen entfremdet. Man ist, wenn einen der Beruf derart einspannt und abschirmt, vieler normaler Fähigkeiten, die die Verbindung zum wirklichen Leben stiften, enteignet, beraubt. Man wird, trotz der vielen Menschen um einen herum, einsam und autistisch, geradezu monströs: ein artifizielles Geschöpf, ein Kunstwesen, das sich in einer kleinen, abgeschlossenen Welt, in einer Art Luxusghetto bewegt. Es ist darüber hinaus eine Welt, die sich gern mit der Aura der Unfehlbarkeit umgibt. Alles, worüber man debattiert, wird von Stäben vorbereitet und dabei so versachlicht, daß das Gefühl, persönlich einen Fehler gemacht zu haben, gar nicht mehr entstehen kann.

Der Topmanager hat eine ganze Truppe von Menschen um sich herum, die ihn von den täglichen Realitäten des Lebens abschirmt. Er hat ein Sekretariat, das seinen Tagesablauf organisiert, einen Assistenten, der alle Informationen filtert, einen oder mehrere Referenten und Spezialisten, die für ihn alle Entscheidungen vorbereiten. Das heißt, das professionelle Prozedere ist gar nicht darauf angelegt, daß der Manager selbst nachdenkt, die Welt beobachtet, wie sie wirklich ist, das eigene Handeln reflektiert. Effizienz, nicht Orientierung ist gefragt.

Es geht stets nur um das «Wie». Wer nach dem «Warum» fragt, vertut seine Zeit, ist ein Träumer. Für mich aber erwächst erst aus der Beschäftigung mit dem Warum meine Moral bei der Anwendung meiner Macht im Unternehmen. Oder frei nach Goethe: Sage einem Menschen das Warum, und er wird immer das Wie finden.

Seit ich das erkannt habe, und es ist noch nicht so lange her, verordne ich mir einmal am Tag mindestens dreißig Minuten totalen Alleinseins. Ich nehme mir die Zeit, nicht mehr nur darüber nachzudenken, wie ich etwas tue, sondern warum ich es tue, um nicht in die Gefahr zu geraten, mich in einer Welt einzuschließen, die völlig anders ist als die Welt derjenigen, für die man Verantwortung trägt. Ohne solchen «Rückbezug» wird man schwerelos. Und das kann dann in zynischer Realitätsverkennung münden, wie sie etwa Hilmar Kopper, der Vorstandsvorsitzende der Deutschen Bank, demonstrierte, als er sich zu der Behauptung verstieg, die Armutsgrenze in Deutschland verlaufe zwischen Mallorca und den Seychellen. Zwischen dieser Weltanschauung und der Weltsicht eines normalen Arbeitnehmers ist eine Vermittlung kaum mehr möglich. Sie ist aber mehr denn je gefordert. Denn eine Gesellschaft, eine Volkswirtschaft oder auch nur ein einzelnes Unternehmen sind so unberechenbar wie die darin handelnden Menschen. Deshalb darf der Kontakt niemals abreißen, deshalb steht und fällt meiner Ansicht nach die Qualität der politischen oder unternehmerischen Führung mit den menschlichen Qualitäten und der Beweglichkeit derjenigen, die die Führungsverantwortung tragen.

Und es gibt solche «beweglichen Manager», wenn auch nicht allzu viele. Vor kurzem bin ich in London in einem Hotel abgestiegen, in dem mir ein Kofferträger auffiel. Er war von ausgesuchter Höflichkeit und machte einen sehr gewandten Eindruck. Bei meiner Abreise am nächsten Tag erkundigte ich mich an der Rezeption nach ihm. Eine Hotelangestellte verriet mir: Das ist unser Generaldirektor.

Der Mann hatte wohl die unbehagliche Erkenntnis gewonnen, keinen wirklichen Einblick mehr in die Vorgänge und Arbeitsabläufe seines Betriebes zu haben. Da entschloß er sich, noch einmal die «Ochsentour» zu machen: Gepäckträger, Küchenhilfe, Etagenservice. Das war ein Manager, der verstanden hat, daß er seinen Elfenbeinturm verlassen und sich in die prosaischen Niederungen seines Hauses begeben mußte, um sich wieder der Realität anzunähern. Nur so würde es ihm möglich sein, seine Angestellten zu motivieren und die Wünsche und Bedürfnisse seiner Gäste richtig einschätzen zu können.

Für mich ist das ein – wenn vielleicht auch extremes – Beispiel für verantwortliches Management und für Beweglichkeit. Dabei will ich gar nicht bezweifeln, daß viele Manager den Dialog mit Mitarbeitern und Mitarbeiterinnen aller Ebenen nicht nur suchen, sondern auch führen und sich am Fließband oder in den Werkstätten und Büros mit ihnen unterhalten. Es kommt aber sehr darauf an, wie dies geschieht. Wenn Kommunikation als eine Art «human engineering» mißverstanden und eingesetzt wird, als feudale Geste, etwa um «oben» getroffene Entscheidungen nach «unten» abzusichern, verkommt sie zum kosmetischen Schmiermittel, zu einem bloßen Instrument der Hierarchie. Jeder Mitarbeiter hat aber das Recht auf Information und muß am Kommunikationsfluß teilnehmen dürfen, sonst erstirbt sein Engagement. Die Lösung von Kommunikationsproblemen ist deshalb die unhintergehbare Voraussetzung, um auch Motivationsprobleme in den Griff zu bekommen.

Die Schwerkraft des Bestehenden

*Das Wissen wird immer mehr, und Verstand
und Vernunft bleiben immer dieselben.* (Goethe)

Leistungen kann man nur von Menschen erhoffen, die sich ernstgenommen fühlen und denen man Identifikationsmöglichkeiten bietet. Mitarbeiter lassen sich nur für eine gemeinsame Aufgabe begeistern, wenn sie als handlungs-, urteils- und kritikfähig akzeptiert werden und sich nicht als warmblütige Werkzeuge degradiert sehen, die eingeschränkte Funktionen zu erfüllen haben. Das Modell «Häuptling und Indianer», «Führer und Gefolgschaft», das auf Anweisung und Gehorsam beruht, muß zur Disposition gestellt und durch eine «mündigkeitsbezogene Teamarbeit» ersetzt werden. Daraus würde Motivation erwachsen. Und eine motivierte und stimulierte Belegschaft wiederum ist die unhintergehbare Voraussetzung für Innovation.

Das klingt alles sehr schön, könnte man einwenden, wird aber nicht funktionieren, weil das System, so wie es heute nun einmal ist, den mündigen Mitarbeiter gar nicht duldet. Mir ist das bewußt: Über den Widerstand gegen Mündigkeit, das Potential an Obstruktion, hege ich keinerlei Illusion. Die Frage ist aber, ob man diesen Widerstand, der übrigens nicht nur aus der Spitze der alten

Hierarchie kommt, brechen kann. Die Probleme bei einer Umstellung auf Teamarbeit sind vielschichtiger Natur. Das habe auch ich erst in leidvoller Erfahrung lernen müssen.

Das Konzept «Team» war ja durchaus schon eine der ganz großen Moden der vergangenen Jahre. Viele Unternehmen haben ihre Weiterbildungsprogramme und Arbeitsabläufe auf Teamarbeit umgestellt. Auch ich habe bei Ford entsprechende Maßnahmen mit den besten Absichten eingeleitet. Wir sind dabei auf völlig neue organisatorische Probleme gestoßen: Wenn man mit Teamarbeit beginnt, ist man zunächst einmal gezwungen, Mitarbeiter in Entscheidungsprozesse einzubinden, die bis dahin von solchen Prozessen ausgeschlossen waren. Das setzt zwar noch nicht voraus, daß alle Hierarchien abgeschafft werden, verlangt aber von den einen die Bereitschaft, Verantwortung abzugeben, und von den anderen, Verantwortung zu übernehmen. Man sitzt plötzlich um einen runden Tisch herum, es werden Probleme analysiert und Problemlösungen vorgeschlagen. Dann wird diskutiert, alle Beteiligten kommen zu Optionen, und anschließend werden Entscheidungen gefällt. So weit, so gut – in der Theorie. Das Problem war aber, daß jeder einzelne geprägt ist durch die Orientierung am eigenen Erfolg. Wer hat den größten Beitrag geleistet? Wer erhält wofür eine Lohnerhöhung? Bei Ford hatten wir tatsächlich vorgesehen, neue Kriterien der Beurteilung einzuführen. So ging es etwa darum, in welchem Umfang jemand etwas zur Entwicklung des Teamgeistes und zum Resultat der Teamarbeit beigetragen hatte. Am Ende wurde ein neues

Lohnsystem entwickelt, das zwar nicht den Grundlohn zur Disposition stellte, aber einen ausgeklügelten Bonus-katalog einführte.

Ein Jahr lang haben wir experimentiert, danach hatten wir genug von dem angerichteten Chaos. Denn immer wenn es darum ging, mehr zu geben als zu bekommen, Mitarbeiter zu fördern, Untergebene zum Sprechen zu bringen, ging die Absicht nicht mehr auf. Die Verunsiche-rung war enorm. Es gab auf einmal viel mehr Personen, die über die Güte einer Arbeit urteilten und gegebenenfalls unterschiedliche Auffassungen hatten, und es tauchte das Problem auf, daß plötzlich auch Untergebene die Arbeit von Vorgesetzten bewerten konnten. Das alles stand na-türlich im Konflikt zu den etablierten Riten der Leistungs-zuweisung in einem Unternehmen.

Wir hatten etwas Gutes gewollt, aber nicht mit der Schwerkraft des Apparates gerechnet und vor allem völlig unterschätzt, daß eine Umstellung von hierarchisch struk-turierter Arbeit zur Teamarbeit eine Veränderung der ganzen Mentalität erforderlich macht. Das Denken aller Mitarbeiter muß gleichsam revolutioniert werden. Statt eifersüchtiger Distanz und Kritik nun Kooperation und Freude darüber, daß mit anderen und von anderen Erfolge erzielt werden. So hatten wir uns das vorgestellt. Und es ging gehörig daneben.

Und dennoch bleibe ich dabei, nicht weil ich besonders stur wäre, sondern weil ich davon überzeugt bin: Ohne Umstellung auf mündigkeitsbezogene Teamarbeit hat die Wirtschaft keine gute Zukunft. Und ich bin in der glück-lichen Lage, das nicht nur predigen zu müssen, sondern auch belegen zu können. Seit Ende letzten Jahres könnte ich mich sogar in wissenschaftliche Deckung begeben. Nach Ansicht der Deutschen Gesellschaft für Psychologie würde die Wirtschaft Milliardenbeträge einsparen können, wenn es ihr gelänge, die vorhandenen Neigungen und Fähigkeiten ihrer Mitarbeiter besser einzusetzen. Der Präsident der Gesellschaft, Manfred Amelang, bezifferte das Einsparvolumen auf fünf Milliarden Mark. Denn nur ein informierter und motivierter Mitarbeiter könne sein intellektuelles und innovatives Potential mobilisieren und damit für das jeweilige Unternehmen seine Leistungsfähigkeit voll entfalten.

Wem nun ein Votum von Psychologen wissenschaftlich zweifelhaft erscheint, dem mag ein Blick in die Praxis zu denken geben. Denn auch hier gibt es inzwischen einige ebenso interessante wie erfolgreiche Ansätze – die allerdings noch rare Ausnahmen darstellen. Das Unternehmen Hewlett Packard beispielsweise überläßt seinen Angestellten einen großen Freiraum, überträgt ihnen aber zugleich eine hohe persönliche Verantwortung. Es gibt keine festen Arbeitszeiten und nur flache Hierarchien. Jeder Mitarbeiter hat direkten Zugang zur Geschäftsführung bzw. die Geschäftsführung zu ihm. Denn der Chef der 6700 HP-Mitarbeiter, Jörg Menno Harms, zieht alle paar Monate mit seinem Schreibtisch in eine andere Abteilung. Und seinem Beispiel folgen alle Manager – «Mangement by wandering around». Auf die Frage eines Journalisten, was man denn tun müsse, um eine innovationsfreundliche Atmosphäre zu schaffen, antwortete Harms, man müsse gar nicht viel tun, man müsse vor allem vieles unterlassen.

Ein anderes Beispiel gibt der amerikanische Klebe- und Folienkonzern 3M, der sich das nicht eben bescheidene Ziel gesetzt hat, die innovativste Firma der Welt zu werden – und auf einem guten Weg ist, das Ziel auch zu erreichen. Über 50 000 Produkte stellt das Unternehmen bereits her. Und nahezu täglich kommt ein neues hinzu, seit die Konzernführung die sogenannte 15-Prozent-Regel eingeführt hat. Mitarbeiter der Forschungs- und Entwicklungsabteilungen dürfen 15 Prozent ihrer Arbeitszeit, es können auch mal 30 Prozent werden, auf selbstgewählte Vorhaben verwenden, entwickeln, was sie reizt und wofür sie Chancen sehen, ohne dies mit dem Chef abzusprechen.

Der Erfolg gibt den Experimenten recht. Hewlett Packard und 3M gelten zur Zeit in der Tat als die kreativsten Firmen der Branche. Doch mehr noch als die geglückte Umstellung einzelner etablierter Unternehmen beweist eine neue Generation innovativer Existenzgründer den Erfolg eines kooperativen Führungsstils. Oft haben wir es hierbei mit jungen Firmengründern zu tun, die von vornherein auf Teamarbeit setzen, weil sie selbst gar nicht die normalen Institutionen der Vorbereitung durchlaufen haben: Selfmademen, ähnlich jenen Gründern der Gründergeneration. In ihrer natürlichen Distanz zu konventionellen, hierarchisch strukturierten und streng arbeitsteilig organisierten Abläufen haben sie intuitiv erkannt, daß ein exzellentes Produkt nur von exzellenten Mitarbeitern hergestellt werden kann und daß es sich in einer Gruppe mit unterschiedlich qualifizierten Menschen besser erfinden und produzieren läßt. Die Firma SCM Microsystems zum Beispiel, die Anfang der neunziger Jahre in einem Münchener Keller aus der Taufe gehoben wurde und Steckkarten für digitale TV-Empfänger baut, ist heute mit einem Wert von etwa einer Milliarde Mark an der New Yorker Börse notiert und macht mit 230 Mitarbeitern rund 100 Millionen Mark Umsatz im Jahr. Für diesen Erfolg sei aber nicht seine Idee entscheidend gewesen, ist der Firmengründer Robert Schneider überzeugt: Moderne Erfolgsfaktoren seien vielmehr qualifizierte, engagierte und motivierte Mitarbeiter.

Insofern geht es in Zukunft nicht darum, eine pyramidale Struktur alten Stils dadurch zu revolutionieren, daß man sie zu einem sanften Hügel abträgt. Viel angemessener erscheint mir ein anderes Bild: das Modell Margerite. Der Vorteil dieses Systems bestünde darin, daß man ein Element wegziehen kann, ohne die Struktur zu verändern. Alle arbeiten miteinander. Natürlich ist die Rolle der Blütenblätter jeweils unterschiedlich, und es gibt nach wie vor ein Zentrum. Aber die Arbeit von allen Mitarbeitern (in den Teams, den Blütenblättern) ist im Prinzip gleich wichtig. Damit wären freilich die bestehenden Karrieremuster zur Disposition gestellt.

Doch ein solcher Wandel braucht Zeit und Gelegenheit. Mündigkeit läßt sich nicht einfach «einführen», sondern muß gelernt werden. Und das geht sicher nicht in dreitägigen Kommunikationsseminaren, wie sie in den achtziger Jahren zu Hunderten stattgefunden haben. Das führte zu grotesken Vorgängen. Mitarbeiter wurden in Intensivseminare geschickt, damit sie sich von hierarchischen Fixierungen lösen und in ihrem Selbstbewußtsein gestärkt werden. Sie trainierten Selbstdarstellungsverfahren, um in ihren Unternehmen die eigene Position kraftvoller ins Spiel bringen zu können. Aber was macht ein derart geschulter und in seinem Selbstbewußtsein gestärkter Mensch, wenn er einen Tag später von seinem Vorgesetzten in der üblichen Weise zur Schnecke gemacht wird?

Wir haben, als wir Teamgeist propagierten, den Fehler gemacht, zu glauben, daß die Bereitstellung von Handlungsräumen gleichsam zur Mündigkeit verführt. Statt dessen mußten wir feststellen, daß auch in einer solchen Arbeitsatmosphäre die gleichen Verhaltensweisen durchschlagen können, die die Mitarbeiter schon in den hierarchischen Strukturen daran gehindert hatten, mündig zu sein. Das heißt, es wird ein Mentalitätswandel stattfinden müssen.

Wie schwer ein solcher Wandel zu bewerkstelligen ist, wie stark die Schwerkraft des Bestehenden ist, davon können wohl vor allem die Frauen ein vielstrophiges Lied singen. Erst kürzlich sah ich in einer französischen Zeitschrift eine großflächige Anzeige der Allianz-Versicherung. Unter dem Slogan «Wir sorgen für Euch» waren darauf 15 gestandene, freundliche Souveränität ausstrahlende Männer zu sehen – vermutlich aus dem Vorstand. Nur Männer! Eine Woche später war in der gleichen Zeitschrift der Leserbrief einer Frau abgedruckt. Sie schrieb: «Danke, Allianz! Bei Ihnen fühle ich mich richtig aufgehoben. Es gibt nur eine Winzigkeit, die mein Vertrauen in Sie etwas verunsichert: Einer der 15 Herren trug eine Krawatte ohne Streifen.» Das nenne ich Humor. Die Frau hat die Aggression, die ein solches Bild unweigerlich auslösen muß, in Ironie umgewandelt. Das kennzeichnet intelligente Menschen. Daß hingegen ausgerechnet eine Versicherung, die «Vorsorge» anbietet und sich primär an Familien wendet, mit einer so saudummen Anzeige für sich wirbt, ist an männlicher Borniertheit kaum zu überbieten.

Aber an männlicher Borniertheit herrscht ja bekanntlich kein Mangel. Beispiel ließe sich an Beispiel reihen. So saß auch ich bis vor kurzem in einem großen Brüsseler Gremium, das die Aufgabe hatte, über die Zukunft unserer Gesellschaft nachzudenken. Der erlauchte Kreis war ausschließlich männlich besetzt. Ich schlug nach einiger Zeit vor, die Hälfte der Männer rauszuschmeißen, einschließlich Goeudevert, und dafür Frauen zur Mitarbeit aufzufordern. Wie können wir über die Zukunft der Gesellschaft reden, ohne eine einzige Frau dabeizuhaben? Mein Vorschlag wurde offenbar als Provokation empfunden. Was aus der Brüsseler Männergruppe geworden ist, habe ich nicht mehr weiterverfolgt. Ich erinnere mich aber, daß die Sekretärin, die im Hintergrund saß, um das Protokoll zu schreiben, nach der Sitzung zu mir kam und mir für meine Bemerkung herzlich dankte.

Nun kann und will ich mich hier allerdings nicht als großer Frauenförderer aufspielen. Während meiner Managerkarriere habe ich mir zwar, wie die meisten Männer, von einer, von meiner Frau im stillen den Rücken stärken lassen, bin aber sicher nicht durch ein großes Engagement für die gleichberechtigte Berufstätigkeit von Frauen aufgefallen. Heute bedaure ich das. Denn inzwischen halte ich Frauen für sozial kompetenter und für teamfähiger als

Männer. Sie kommen schneller auf den Punkt, sind neugieriger und kompromißfähiger, und sie haben eine deutlich niedrigere Neigung zum Geschwätz. Darüber hinaus sind sie, womöglich durch ihren Umgang mit den Kindern, sehr viel geeigneter, die entscheidenden «Warum-Fragen» zu beantworten, anstatt sich immer nur über das «Wie» den Kopf zu zerbrechen.

Doch der Glaube an die Dominanz des Mannes in der Rolle der Führungskraft ist so ungebrochen, daß selbst seriöse Untersuchungsergebnisse den Nebel aus Vorurteilen nicht durchdringen. So kam eine von der französischen Zeitschrift «L'Entreprise» in Auftrag gegebene Studie, in deren Verlauf die Angaben von 22 000 französischen Unternehmen ausgewertet wurden, erst kürzlich, im Herbst 1998, zu dem eindeutigen Schluß: Frauen sind die besseren Führungskräfte! Diese Kernaussage stützt sich dabei keineswegs auf die den Frauen bereits häufiger zugeschriebenen «soft skills», also Qualifikationen wie Team- und Kommunikationsfähigkeit oder Integrationskraft, sondern vor allem auf die Tatsache, daß die von Frauen geleiteten Betriebe überdurchschnittliche Erträge erreichen und eine fast doppelt so hohe Rendite erwirtschaften. Harte Fakten also. Zu einem ähnlich eindeutigen Ergebnis kam auch die amerikanische Beratungsfirma Lawrence A. Pfaff & Associates Inc. Nach einer Befragung von immerhin 211 Organisationen stand auch am Ende dieser Untersuchung das Resümee: Sämtliche Managementfähigkeiten sind bei Frauen deutlich besser ausgeprägt als bei ihren männlichen Kollegen.

Und dennoch, es bleibt dabei: Frauen kommen nach

wie vor zu selten durch, solange Männer ihnen den Weg nach oben freimachen müßten. Daß die (wir) gar nicht daran denken, den Platz zu räumen, zeigt jeder Blick in die Vorstandsetagen, die Chefredaktionen, die Brüsseler Gremien oder schlicht in die Erwerbsstatistik. Aller hoffnungsfrohen Trendmeldungen und Emanzipationsrhetorik zum Trotz haben sich die geschlechtsspezifischen Unterschiede sowohl im Erwerbsverhalten als auch in den Erwerbschancen beharrlich gehalten. Nirgendwo in Europa und in keinem Berufsbereich sind die Frauen den Männern faktisch gleichgestellt. Und nahezu unverändert leisten Frauen überall den überwiegenden Teil der privaten Hausarbeit und der Kindererziehung.

Diese traditionelle Belastung der Frau mit Haus- und Familienarbeit ist natürlich der wesentliche Grund dafür, daß Frauen ihre Berufsarbeit reduzieren oder flexibilisieren. Noch immer unterbricht etwa jede zweite erwerbstätige Frau mindestens einmal ihre Berufstätigkeit wegen familiärer Pflichten. Ein noch größerer Teil pendelt zwischen Teilzeit und Vollzeit, das heißt, eine kontinuierliche Berufsbiographie, wie wir sie mit dem Begriff «Arbeit» gemeinhin verbinden, ist im wesentlichen ein männliches Lebensmuster und könnte gar nicht auf beide Geschlechter ausgedehnt werden. Normalarbeitnehmer und Hausfrau bedingen und stützen sich praktisch gegenseitig. Kein Part ist ohne den anderen veränderbar. Sollen also Frauen – und sie sollen! – verstärkt erwerbstätig sein können, müssen auch Männer ihr Verhalten am Arbeitsplatz und zu Hause ändern.

Also auch hier – und noch einmal: Die gewünschte

Beweglichkeit erfordert einen grundlegenden und vielschichtigen Mentalitätswandel. Es liegt allerdings auf der Hand, und meine oben geschilderten Erfahrungen bei Ford belegen das, daß ein solcher Wandel nicht einfach verordnet werden kann und daß er für alle Beteiligten nicht zum Nulltarif zu haben ist. Der «beweglichen Frau» muß ein «beweglicher Mann», dem «beweglichen Management» muß ein «beweglicher Arbeitsmarkt» korrespondieren. Und das heißt: Nicht nur Politiker, Ökonomen und Wirtschaftsführer müssen umdenken, auch den – männlichen und weiblichen – Arbeitnehmern wird ein hohes Maß an Verantwortungsbereitschaft und Anpassungsfähigkeit abverlangt werden.

Denn unabhängig davon, ob man mit meinen Vorstellungen im einzelnen einverstanden ist oder nicht, sollte eines klar sein: Die Gestaltung der Arbeitswelt ist von elementarer Bedeutung für die Lebensqualität einer Gesellschaft. Wie Erwerbsarbeit und Lebensbedürfnisse aufeinander abgestimmt werden, welcher Art die Beziehungen zwischen den Geschlechtern und den Generationen, aber auch zwischen Mensch und Natur sind, wie es um die zwischenmenschliche Solidarität bestellt ist – all das ist entscheidend davon abhängig, wie gut oder schlecht der gesamte Arbeitsmarkt organisiert ist.

Der bewegliche Arbeitsmarkt

Das Leben ist eine Brücke. Gehe über sie hinweg, aber baue kein Haus darauf. (Indisches Sprichwort)

Ein Leben von morgen wird nicht mehr so sein wie ein Leben von gestern: Ich werde geboren, wachse inmitten meiner Familie an einem festen Ort auf, lerne soviel und solange ich kann, finde eine gutbezahlte, sichere Anstellung, leiste eine solide Arbeit und warte auf eine gute Rente. Dieses Muster hat seine Gültigkeit verloren. In 20 Jahren wird es nur noch die Ausnahme sein.

Der normale (Lebens-)Weg von morgen wird so aussehen: kürzer lernen, schneller in den Arbeitsprozeß eintreten und vor allem darauf vorbereitet sein, mehrmals im Leben den Beruf zu wechseln und dorthin zu gehen, wo meine Arbeitskraft gebraucht wird. Dabei darf die Periode zwischen dem einen und dem anderen Beruf nicht zwangsläufig als Arbeitslosigkeit betrachtet, sondern sollte als eine Art Moratorium, als eine Vorbereitungs- und Umschulungsphase genutzt werden. Schon heute wechselt ein junger, studierter Amerikaner in 40 Arbeitsjahren mindestens elfmal die Stelle und tauscht dabei seine Kenntnisbasis wenigstens dreimal aus. Höchste Beweglichkeit ist gefragt, Mobilität wird zum Schlüsselbegriff für die Zukunft der Arbeit.

Ein solches Ausmaß an Flexibilisierung mag viele erschrecken. Wie soll ich eine Lebensperspektive entwickkeln oder langfristige Ziele verfolgen, wenn ich mich einer durch und durch dynamisierten Ökonomie anzupassen habe? Wie kann ich Loyalitäten und Verpflichtungen gegenüber Institutionen und Unternehmen aufrechterhalten, die sich permanent verändern? Wie können wir noch bestimmen, was für uns von bleibendem Wert ist, während sich um uns herum alles in Bewegung befindet? Wie kann ich Gestaltungsmacht über meine eigene Zukunft behalten?

Die Unsicherheit, die in diesen Fragen zum Ausdruck kommt und die wir ja alle mehr oder weniger teilen, löst bei vielen eine Untergangsstimmung aus. Sie sehen überall nur Zersetzung. Von allen Seiten gerät unter Druck, was wir unsere Identität nennen. Der Lebenslauf droht – wie es der Soziologe Ulrich Beck einmal gesagt hat – zu einem immer kleinteiligeren Puzzle zu werden und der Mensch – wie es Richard Sennett jüngst beschrieben hat – zu einem ortlosen, bindungslos dahintreibenden Wesen.

Ohne die Gefahren geringschätzen zu wollen – insbesondere Sennetts Analyse des «flexiblen Menschen» ist hoch beeindruckend und in vielem zutreffend –, halte ich beide Wertungen für überzogen. Erstens kann aus noch so vielen Puzzleteilen, wenn alles zusammenpaßt, ein wunderschönes Bild werden; darüber hinaus war und ist der Lebenslauf für die weibliche Hälfte der Gesellschaft, wie gesehen, schon immer ein «dereguliertes Puzzle» gewesen. Zweitens kann auch ein Nomade eine stabile Identität ausbilden und feste Bindungen eingehen: «Wer nicht reist, kennt den Wert der Menschen nicht», sagt ein maurisches Sprichwort. Und drittens hat schon Friedrich Schiller erkannt, daß, «sowenig es auch den Individuen bei dieser Zerstückelung ihres Wesens wohl werden kann, doch die Gattung auf keine andere Art hätte Fortschritte machen können».

Dennoch, es führt kein Weg daran vorbei, daß der geforderte Flexibilisierungsschub alte Sicherheiten und soziale Bindungen auflösen wird, ohne daß schon absehbar wäre, was an deren Stelle tritt. Das «Gehäuse», als das Max Weber jene bürokratische und biographische Struktur bezeichnete, in die das Leben fest eingepaßt war, ist schon heute überall durchlässig und wird über kurz oder lang zerbersten. Und die plötzliche «Freiheit», die in Wahrheit als Schutzlosigkeit empfunden wird, löst bei vielen Menschen eine phobische Reaktion aus. So läßt sich beispielsweise beobachten, daß gerade Jugendliche eher unbeweglicher werden, obwohl sie wissen oder zumindest ahnen, daß Mobilität gefordert wäre.

Zwar dürfen EU-Bürger seit nunmehr 30 Jahren überall in der Union wohnen und arbeiten, zwar ist im Maastrichter Vertrag die «Unionsbürgerschaft» festgeschrieben. Doch in der Praxis ist davon so gut wie nichts zu spüren. Europa ist – ganz im Gegensatz zu Amerika – mehr denn je ein Kontinent der nationalen Nesthocker. Gerade junge Leute klammern sich wieder zunehmend an das geerbte, längst abbezahlte Eigenheim und das gewohnte soziale Umfeld. Je besser sich die europäischen Unternehmen im weltweiten Wettbewerb behaupten, desto hartnäckiger scheinen die europäischen Bürger an ihrer Heimat zu hängen. Diesen Trend bestätigt auch das Statistische Amt der Europäischen Kommission, Eurostat: Seit 1992 sei die Jobmobilität, also die Anzahl der Menschen eines EU-Landes, die in einem anderen Mitgliedsland arbeiten, sogar gesunken – obwohl die Union damals noch drei Länder weniger zählte und der Binnenmarkt erst in den Kinderschuhen steckte. Und nicht einmal innerhalb ihres Landes rühren sich die meisten Europäer vom Fleck. Immer weniger Norddeutsche wandern nach Bayern, immer weniger Rheinländer nach Niedersachsen. Auch die innerdeutsche Mobilität geht seit 1970 kontinuierlich zurück – obwohl die Arbeitslosenquoten zwischen den Regionen zunehmend auseinanderklaffen.

Ich denke, daß solche «Gegenbewegungen» in einer von Zukunftsängsten geprägten Phase des Übergangs durchaus üblich sind – bedauerlich zwar, aber verständlich. Schließlich ist jede Veränderung mit Risiken behaftet, die der Ängstliche lieber scheut und die ihn dort Zuflucht suchen lassen, wo das Bekannte ist, die Heimat, die Freunde, die Wurzeln, die Kindheit, die vermeintliche Sicherheit. Doch das ist in meinen Augen gerade nicht die angemessene Reaktion auf eine – zugegeben – bedrohliche Situation. Wollen wir die tendenziell skrupellosen Profitinteressen der Wirtschaft mit den Interessen der nach Arbeit und Glück suchenden Menschen zur Versöhnung bringen, hilft uns eine kindlich verharrende Haltung garantiert nicht weiter. Sie erinnert an die reizende Naivität eines Dreijährigen, der sich die Augen zuhält und glaubt, er sei nun nicht mehr zu sehen. Aber eine Flucht in die Unsichtbarkeit ist Illusion, eine Flucht in die Passivität Kapitulation.

Heißt das, wir sollen letztlich doch alles aufgeben, was uns Heimat, Verwurzelung, gewachsene Freundschaft und familiärer Zusammenhalt bedeutet? Die Antwort, sehr krude, heißt einerseits: Ja, wir sollen, wir müssen. Aber sie lautet andererseits ebenso entschieden: Nein! Und genau diese Doppelbödigkeit steckt ja schon in dem Begriff «Flexibilität», der die Fähigkeit bezeichnet, nachzugeben, sich wechselnden Umständen anzupassen, ohne dabei zu zerbrechen – also dehnbar und fest zugleich zu sein.

So soll auch die Beweglichkeit, die ich meine, nicht in einer gnadenlos individualistischen Gesellschaft münden, in der sich isolierte, ganz auf sich selbst zurückgeworfene einzelne nur noch als Marktteilnehmer begegnen; das liefe ja darauf hinaus, das Wirtschaftsfieber durch stärkere Erhitzung kurieren zu wollen. Nein, die Beweglichkeit, von der ich spreche, wird einhergehen mit einer zunehmenden Lust und Fähigkeit, die eigene Verantwortung zu erkunden und das Leben nach den eigenen Vorstellungen zu gestalten. Dieses Recht und diese Pflicht dürfen dabei aber unter keinen Umständen beschränkt bleiben auf die Arbeitsuchenden und die Arbeitnehmer. Dieselbe, letzten Endes soziale und damit menschliche Verantwortung muß und wird Schritt für Schritt auch das Kapital übernehmen, die Manager der Konzerne und die Geschäftsführer der Firmen und Dienstleistungsbetriebe. Man könnte einen solchen Ansatz – wenn der Begriff nicht schon durch das allbekannte interessenpolitische Scharmützel beschädigt wäre – auch «Bündnis für Arbeit» nennen.

Es geht also, kurz gesagt, darum, Modi der Beweglichkeit zu erfinden und zu entwickeln, die uns erlauben, sowohl mit dem Arbeitsmarkt Schritt zu halten, als auch unsere Bedürfnisse nach Festigkeit, Berechenbarkeit und Sicherheit zu befriedigen. Dieser auf den ersten Blick klassische Zielkonflikt ließe sich nur dadurch lösen, daß man das individuelle Risiko der Mobilität durch geeignete Rahmenbedingungen kalkulierbar macht. Daran mangelt es aber dramatisch. So dürfte einer der Hauptgründe für die beschriebene Immobilität in Europa darin liegen, daß man es bisher sträflich versäumt hat, die verschiedenen nationalen Systeme der sozialen Sicherung zu «harmonisieren». Solange Politiker und Bürokraten weiterhin unverdrossen Kleinstaaterei betreiben, sich nicht einmal auf eine gemeinsame Verhandlungssprache einigen können, solange Mobilität zwischen Ländern und Regionen nicht gefördert und abgestützt, sondern sogar bestraft wird, darf man sich über Unbeweglichkeit nicht wundern.

Es müßten also zunächst einmal die Zumutbarkeitsgrenzen der Dehnbarkeit definiert und anschließend stabilisierende, stützende, Festigkeit gebende Maßnahmen – etwa des Staates – ergriffen werden, um zu verhindern, daß die Menschen unter dem Veränderungs- und Mobilitätsdruck Schaden nehmen. Das ist im Grundsatz ja durchaus nichts Neues, sondern eine sich in allen gesellschaftlichen Umbruchphasen stets aufs neue stellende Aufgabe. Der gesamte mit der Industrialisierung einsetzende Individualisierungsprozeß war stets doppelgesichtig. Er hatte zweifellos eine befreiende, emanzipatorische Wirkung, indem er uns ermöglichte, die Zwänge überkommener Geschlechterrollen und sozialer Herkunft abzustreifen und über die eigene Biographie selbst zu bestimmen.

Doch mit diesem Zugewinn an individueller Gestaltungsfreiheit ging nicht nur eine Zunahme an Eigenverantwortung und eine Vermehrung von Entscheidungszwängen einher, sondern auch ein Verlust tradierter sozialer Bindungen und Verpflichtungen: Familie, Kirche, Wohnumfeld, der betriebliche Lern- und Arbeitszusammenhang, die Gewerkschaften verloren nach und nach ihre Bindekraft. Die Antwort auf diese Entwicklung war das jahrzehntelang überaus erfolgreiche Sozialstaatsmodell, das die unvermeidlichen Gerechtigkeitsrisiken der Freiheit insbesondere für die Schwächeren abfederte und bis in die achtziger Jahre hinein nahezu ideale Rahmenbedingungen bereitstellte.

Dieser Rahmen hätte allerdings beizeiten den sich rasant verändernden ökonomischen und politischen Verhältnissen angepaßt werden müssen. Er ist keine angemessene Antwort mehr auf die neuen Herausforderungen, vor die sich der einzelne angesichts einer globalisierten Wirtschaft, einer gewandelten Arbeitswelt und eines sich vereinigenden Europa gestellt sieht. Und er bietet vor allem keine Antwort auf das Problem der Arbeits- bzw. Berufslosigkeit.

Will man der Arbeitslosigkeit, deren «Abschaffung» in meinen Augen, wie gesagt, eine Illusion ist, ihren individuellen, aber auch ihren haushalts- und finanzpolitischen

Schrecken nehmen, dann muß man – wie ich es oben schon beschrieben habe – alles daransetzen, den Zeitraum, in dem ein Mensch ohne Beruf ist, so kurz wie möglich zu halten. Damit dies gelingt, müssen nicht etwa alle bestehenden Regelungen – wie Ausbildungsgesetze, Tarifverträge, Arbeitsschutz- und Kündigungsschutzregeln usw. – ersatzlos gestrichen werden. Wir müssen sie aber in der Tat verändern und vieles ganz neu regeln: also re-regulieren, nicht de-regulieren.

Die Notwendigkeit hierzu liegt doch auf der Hand. Das sogenannte Normalarbeitsverhältnis – Punkt 7.00 Uhr im Betrieb, Punkt 12.00 Uhr Mittagspause, Punkt 18.00 Uhr Feierabend –, in dem unsere Eltern und Großeltern womöglich noch ihr Berufsleben verbrachten, ist doch in vielerlei Hinsicht längst zur Fiktion geworden. Schon heute arbeiten weit mehr als die Hälfte aller festangestellten Beschäftigten zu unregelmäßigen und «atypischen» Arbeitszeiten: in Wechselschicht, nachts oder an Wochenenden, in Teilzeit, in Kurzarbeit, auf Abruf usw. – von Überstunden gar nicht zu sprechen. Und in einem ähnlichen Ausmaß hat sich auch die Anzahl derer erhöht, die einer – vom deutschen Arbeitsrecht so genannten – «mindergeschützten» Beschäftigung nachgehen, also beispielsweise befristete Verträge haben, Leiharbeit oder Heimarbeit anbieten, auf 620-Mark-Basis arbeiten oder sich in einer arbeitnehmerähnlichen Selbständigkeit befinden («feste Freie»).

Das alles gibt es, und niemand bezweifelt mehr die Notwendigkeit flexibel einsetzbarer Arbeitskraft. Die Vorstellung, für alle Beschäftigten eines Betriebes oder sogar einer ganzen Branche müsse die gleiche Arbeitszeit gelten – davor und danach stehen alle Räder still –, ist nicht nur aus unternehmerischer Sicht völlig absurd. Die Dynamik des Marktes, schwankende Konjunkturlagen und Auftragsvolumen oder zeitlich differenzierte Kundenströme machen einen größeren Spielraum beim Personaleinsatz erforderlich, der nur über flexiblere Arbeitszeitgestaltung und flexiblere Beschäftigungsverhältnisse gewonnen werden kann. Nur so war es beispielsweise möglich, daß trotz kontinuierlicher Verkürzung der tariflichen Arbeitszeit die Betriebs- und Nutzungszeiten ebenso kontinuierlich gestiegen sind. Aber auch die Arbeitnehmer dürften von den Veränderungen profitiert haben, zumindest dort, wo ihnen von den Betrieben im Gegenzug ebenfalls größere Spielräume und mehr Wahlmöglichkeiten zugestanden worden sind.

Diesen Weg müssen wir konsequent weitergehen, wobei die Flexibilisierung der Arbeitszeiten allerdings noch durch eine höhere berufliche und räumliche Mobilität ergänzt werden muß.

Na bitte, werden nun vielleicht einige ausrufen: Jetzt läßt er ja endlich die Katze aus dem Sack! Weniger Geld sollen wir verdienen, und den Kündigungsschutz und andere Bestandsgarantien will er auch gleich kassieren! Das ist keine Vision, sondern die Rückkehr zum alten, zum ewig neuen Unternehmerwunsch: «hire and fire». Da werden sich die Arbeitgeberverbände aber freuen!

Ich bin geständig, aber ohne Reue. Denn wer mich nun als Lobbyisten oder gar Büttel des Kapitals entlarvt zu haben glaubt, ist dem alten Lagerdenken verhaftet, wonach den bösen, profitsüchtigen Kapitalisten auf der einen Seite die ausgebeutete Arbeitnehmerschaft auf der anderen Seite sozusagen monolithisch gegenübersteht. Ein solches Denken, das in der ersten Hälfte unseres Jahrhunderts gründet – und dort auch seinen Platz hatte –, ist heute aber eher Teil des Problems, als daß aus ihm auch nur im Ansatz ein Lösungsweg entspringen könnte. Ein Verschanzen in Bastionen hat schon immer zu Bewegungslosigkeit geführt, die dann allenfalls gewaltsam überwunden werden konnte.

Man erinnere sich: Immer dann, wenn das Pendel zur einen oder anderen Seite ausschlug, wenn das eine oder andere Lager die Oberhand gewann – sei es im Manchesterkapitalismus, sei es im Kommunismus –, ging es den Menschen schlechter, nicht besser. Wer die berechtigten, aber in mancher Hinsicht unvermeidlich gegenläufigen Interessen etwa von Arbeitgebern und Arbeitnehmern nicht in einem permanenten Prozeß zu vermitteln bereit ist, sondern glaubt, der Konflikt könne und müsse ein für allemal entschieden werden, der verwechselt Verantwortung mit Eigensinn.

Darüber hinaus springt die Katze, die ich gerade vermeintlich aus dem Sack gelassen habe, ja schon seit geraumer Zeit durch die Vorgärten und hat die Singvogelpopulation schon beträchtlich dezimiert. Viele gesetzliche Regelungen zum Schutz der Arbeitnehmer werden längst – und völlig legal – unterlaufen. Ich habe die wichtigsten «Ausweichmodelle» oben schon genannt: Zeitverträge, Teilzeitarbeit, arbeitnehmerähnliche Selbständigkeit, sozialversicherungsfreie Beschäftigung (620-Mark-Jobs).

Und wo solche «mindergeschützen» Beschäftigungsformen nicht möglich oder praktikabel sind, gereichen die ursprünglich zum Wohle der Arbeitnehmer eingeführten Bestimmungen einer wachsenden Zahl von Menschen zum Nachteil.

In der zu Beginn dieses Buches schon einmal erwähnten «Glücksrangliste», die ich wirklich nicht überbewerten möchte – es paßt hier nur gerade so schön –, werden als erste westeuropäische Wohlstandsländer Schweden auf Rang 27 und die Niederlande auf Rang 29 geführt – man erinnere sich, Deutschland rangiert auf Platz 42. Das wird die verschiedensten Gründe haben. Auffällig ist jedoch, daß in diesen beiden Ländern während der letzten Jahre die europaweit stärksten Aktivitäten entfaltet wurden, um den jeweiligen Arbeitsmarkt und seinen sozialstaatlichen Rahmen zu reformieren. Und zwar, im Unterschied zu Amerika, im gesellschaftlichen Konsens. Insbesondere das sogenannte Polder-Modell der Niederlande hat eine kaum für möglich gehaltene Erfolgsgeschichte geschrieben. Während die meisten EU-Staaten mit steigenden Arbeitslosenzahlen zu kämpfen haben, ist die offizielle Arbeitslosenquote in den Niederlanden seit 1982 kontinuierlich zurückgegangen. Etwa zu jener Zeit war es auch, als sich Gewerkschaften und Arbeitgeber auf den «Akkord von Wassenaar» verständigten. Die Gewerkschaften erklärten sich damals bereit, langfristig mäßige Lohnsteigerungen («Weniger verdienen») und eine Flexibilisierung des Arbeitsmarktes zu akzeptieren. Umgekehrt verpflichteten sich die Arbeitgeber, mehr Teilzeitstellen anzubieten und die Arbeitszeit zu verkürzen.

Die Auswirkungen dieser im Dialog vereinbarten Maßnahmen sind beeindruckend: Die Arbeitslosenquote liegt
deutlich unter vier Prozent; mehr als ein Drittel aller Arbeitnehmer arbeiten weniger als 35 Stunden, verdienen
allerdings auch weniger als vorher. Und natürlich hat die
Flexibilisierung des Arbeitsmarktes zu einer Lockerung
von Kündigungsvorschriften und zu einer massiven Zunahme der Zeitarbeit geführt. Allerdings ist es den Gewerkschaften gelungen, auch die Rechte von Teilzeit-
beschäftigten tariflich festzuschreiben und die Zeitar-
beitsfirmen zu veranlassen, Beiträge für Betriebsrenten zu
entrichten, Fortbildungsmöglichkeiten anzubieten und
regelmäßigen Mitarbeitern sogar Lohnfortzahlung bei
kurzfristiger Nichtbeschäftigung zu garantieren.

Nun ist hier nicht der Ort, das niederländische Modell
in allen Details zu diskutieren. Es ist in manchen Auswirkungen auch nicht unumstritten. Aber ich erwähne es ja
auch nicht als Blaupause, sondern allenfalls als richtung-
weisendes Beispiel, das wir nicht kopieren, aber kapieren
sollten. Denn unter dem Strich werte ich das niederländische Experiment als erfolgreich. Es hat Wirtschaft, Gesellschaft und Politik in Bewegung versetzt. Es hat vielen
Menschen etwas abgefordert, um noch mehr Menschen
etwas zu geben: zum Beispiel Arbeit.

Denn es ist ja keineswegs so, daß es zuwenig zu tun
gäbe. Aber Ausmaß und Art der zu bewältigenden Arbeit unterliegen, je nach Auftragslage, großen Schwan-
kungen. Die Automobilbranche beispielsweise kämpft
ständig mit Unter- und Überkapazitäten. Was also tun?
Wenn ich als Unternehmer bei guter Konjunktur, ent-

sprechend meines aktuellen Bedarfs, Neueinstellungen vornehme, gehe ich ein kaum zu rechtfertigendes Risiko ein. Die erhöhten Fixkosten können mir bei sinkender Nachfrage das Genick brechen, weil ich sie nicht so ohne weiteres wieder reduzieren kann. Also versuche ich, die Kosten möglichst variabel zu halten, mache allenfalls Werk- oder Zeitverträge und lasse meine Belegschaft Überstunden leisten. Denn Überstunden kann ich kurzfristig wieder abbauen, ohne einen Mitarbeiter auf die Straße setzen zu müssen. Das ist doch auch sozial viel verträglicher.

Aber genau darin liegt der Irrtum. Ein solches Verhalten ist nicht Beleg für ein ausgeprägtes soziales Gewissen, es ist eine Schweinerei. Es zementiert nicht nur das Problem der Arbeitslosigkeit, sondern verbreitet zugleich die Kluft zwischen den Arbeitenden und den Arbeitslosen, weil diejenigen, die über ein festes Einkommen verfügen, noch mehr verdienen, während die anderen vom Arbeitsmarkt ausgeschlossen bleiben.

Nun wäre es allerdings zu einfach, dies als Vorwurf gegen die Unternehmer zu wenden. Ihre «Vorsicht» mag aus gesellschaftlicher Perspektive nicht in Ordnung sein, sie ist aber durchaus vernünftig. Wollen wir aus diesem Teufelskreis ausbrechen und Firmen zu Neueinstellungen motivieren, dann müssen wir den Unternehmern und Managern ihre Angst nehmen – und zwar sowohl vor Neueinstellungen als auch vor Entlassungen. Ich selbst habe noch keinen Chef kennengelernt, der – einmal abgesehen von den Kosten und den Fristen – nicht massive Probleme damit gehabt hätte, Mitarbeitern zu kündigen. Niemand macht das gern, niemand geht danach kaltschnäuzig zur Tagesordnung über.

Wenn aber gewährleistet wäre, daß ein Mitarbeiter mit Beendigung seines Angestelltenverhältnisses nicht in ein existentielles Vakuum fiele, sondern durch ein Netz aus Bildungs- und Umschulungsangeboten aufgefangen und spätestens nach sechs Monaten wieder eine neue, vielleicht ganz andere Arbeit finden wird, könnten beide Seiten ihre Ängste und ihr – gegenwärtig noch berechtigtes – Sicherheitsdenken abbauen. «Fire» hieße dann nicht mehr «verbrennen», «Schmoren in der Hölle», sondern «Neuanfang».

Wenn man den Unternehmen sagt: Ihr könnt entlassen, und die Menschen, die entlassen werden, wissen, dies ist nicht das Ende, sondern nur eine Veränderung, dann würde die Wirtschaft wieder atmen, dann bekäme der Arbeitsmarkt jene Dynamik, die ich oben schon skizziert habe. Denn wenn es zutrifft, daß die Vollbeschäftigungsgesellschaft passé ist – und ich bin davon überzeugt –, dann ist die entscheidende Frage, wie lange ein einzelner arbeitslos bleiben wird. Sobald es gelingt, diese Frage mit der Angabe einer Höchstdauer (sechs Monate) zu beantworten, hätten wir 80 Prozent der Problematik gelöst. Es wäre dann, obwohl nach wie vor belastend, gar nicht mehr so entscheidend, ob wir zwei oder vier Millionen Arbeitslose haben. Es muß nur einen permanenten Wechsel geben, es müssen immer andere sein.

Auf diese Weise könnte aus der sozialen und volkswirtschaftlichen Belastung «Arbeitslosigkeit» sogar ein Potential werden, ein Humus, auf dem Neugier, Phantasie und

Mut gedeihen, ein Reservoir an risikobereiten und zukunftsorientierten Menschen, die durch ihre Beweglichkeit die vielfältigsten Erfahrungen machen. Während ein häufiger Arbeitsplatzwechsel früher, in den sechziger Jahren, mißtrauisch als Unstetigkeit und Instabilität ausgelegt wurde, ist es heute beruflich von Vorteil, in verschiedenen Firmen gearbeitet zu haben. Das muß man zu Ende denken.

Schon Nietzsche wußte: Es ist die Gewißheit, die mich verrückt macht, nicht die Ungewißheit. Und er hatte völlig recht. Die Gewißheit, daß ich sterben werde, macht mich verrückt. Und wenn ich weiß, daß ich in fünf Jahren tun werde, was ich heute tue, werde ich engstirnig und höre auf zu denken. In der Ungewißheit hingegen müssen meine Sinne wach bleiben, müssen meine Aufmerksamkeit und Aufnahmebereitschaft hoch sein, muß ich darauf gefaßt sein, zu stolpern, zu scheitern, neu anzufangen. Das ist für mich eine Umschreibung von Lebendigkeit.

Im Falle der Arbeitslosigkeit allerdings liegt die Sache etwas anders. Hier ist zweifellos die Ungewißheit das Problem. Die Tatsache, daß der Arbeitslose nicht weiß, wann er wieder anfangen kann bzw. die Angst, auf unabsehbare Zeit beruflich untätig zu bleiben, macht ihn verrückt. Wenn uns diese Angst genommen würde, kann man alles andere, das «Was» und «Wo» und «Für wie lange», durchaus im ungefähren lassen. Einige werden ausgebildet, andere umgebildet, einige wechseln den Wohnort, andere gehen ins Ausland – je nachdem, wo welche Angebote gemacht werden, wo sich welche Chancen eröffnen.

Ein solches Ausmaß an Mobilität setzt allerdings auch eine seelisch-mentale Beweglichkeit voraus, wie wir sie bislang noch kaum antreffen. Man kann im Gegenteil beobachten, daß zumeist weit mehr Energie dafür aufgewandt wird, das Alte zu bewahren, als dafür, Neues zu schaffen. Das hat zu Verkrustungen der gesellschaftlichen Strukturen geführt, zu Euroskleroseerscheinungen, die den sozialen und gesellschaftlichen Wandel behindern. Nach 50 Jahren erfolgreichen Wirkens der immer mächtigeren Interessenverbände und gesellschaftlichen Gruppierungen gleicht unser wirtschaftliches System mehr und mehr einem großen Tanker, dessen Kurs sich nur noch langsam ändern läßt.

Wir werden daher einige Geduld aufbringen müssen, bis wir unser Schiff so weit abgetakelt haben, daß wir wieder schnelle Kurskorrekturen und kurze Wendemanöver ausführen und sogar wieder gegen den Wind kreuzen können. Und wir müssen zugleich, um im Bild zu bleiben, die hierfür erforderlichen, aber leider verkümmerten seemännischen Fähigkeiten neu vermitteln.

Schon auf den derzeitigen Arbeitsmarkt mit all seinen Verkrustungen werden die Menschen nicht mehr zureichend vorbereitet. Das ist ja einer der Gründe dafür, warum große Firmen dazu übergehen, Schul- und Universitätsabgänger in eigenen Akademien «nachzubilden», umzugestalten. Ich halte das aber gerade, wie oben schon beschrieben, nicht für den richtigen Weg. Sollen die Menschen zu Mobilität und Teamarbeit befähigt werden, und soll Europa nicht nur ein abstraktes Gebilde bleiben, sondern wirklich zusammenwachsen, dann führt kein Weg an einer grundlegenden Reform des gesamten Bildungs- und Ausbildungsbereichs vorbei.

Lernwelten

zerwellen

Das Geheimnis der roten Wangen

Menschen bilden bedeutet nicht, ein Gefäß zu füllen, sondern ein Feuer zu entfachen. (Aristophanes)

Hurra, nie wieder lernen», so rannten in früheren Zeiten die Schüler am letzten Schultag aus ihren Lernanstalten. So verlassen viele womöglich noch heute die staatspädagogischen Einrichtungen. Und obwohl ich selbst ganz gern zur Schule gegangen bin, kann ich solche Erleichterung durchaus nachvollziehen. Die Schulzeit war, ist und bleibt eine ebenso entscheidende wie unausweichliche Erfahrung im Leben eines Menschen. Sie ist derart prägend, daß sie eine ganze Literatur hervorgebracht hat. Und die Mehrzahl dieser literarischen Zeugnisse sind Leidensgeschichten.

Für den Philosophen Émile M. Cioran beispielsweise war die Schulzeit geradezu ein Martyrium: «Mein Dorf liebte ich innig. Als ich zehn Jahre alt war, mußte ich es verlassen, um in der Stadt aufs Gymnasium zu gehen. Das war für mich eine Schicksalsprüfung, die ich nie vergessen werde. Das Schauspiel eines Tieres, das zum Schlachthof geführt wird. Die zu Tode Verurteilten haben vermutlich vor der Hinrichtung ähnliche Gefühle. Ich *wußte*, daß ich alles verlor, daß ich aus meinem Garten Eden vertrieben wurde und daß ich eine solche Strafe nicht verdiente.»

Und auch Stefan Zweig beschrieb seine Schulzeit mit einer Mischung aus Beklemmung und Grauen: «Fünf Jahre Volksschule und acht Jahre Gymnasium mußten auf hölzerner Bank durchgesessen werden (…). Meine ganze Schulzeit war, wenn ich ehrlich sein soll, nichts als ein ständiger gelangweilter Überdruß, von Jahr zu Jahr gesteigert, durch die Ungeduld, dieser Tretmühle zu entkommen, (die) uns die schönste, freieste Epoche unseres Daseins gründlich vergällte. (…) Schule war für uns Zwang, Öde, Langeweile, eine Stätte, in der man die ‹Wissenschaft des nicht Wissenswerten› in genau abgeteilten Portionen sich einzuverleiben hatte (…). Es war stumpfes, ödes Lernen nicht um des Lebens willen, sondern um des Lernens willen, das uns die alte Pädagogik aufzwang. Und der einzig wirklich beschwingte Glücksmoment, den ich der Schule zu danken habe, wurde der Tag, da ich die Tür für immer hinter mir zuschlug.»

Das sind vielleicht zwei extreme Zeugnisse, und es wird sich vermutlich auch die eine oder andere Hymne finden lassen. Ich denke aber, daß Cioran und Zweig eine entscheidende Schwachstelle der seit ungezählten Jahren nahezu unverändert praktizierten Bildung offengelegt haben: Die Schule verwechselt Aufmerksamkeit mit Aufnahmefähigkeit, sie entfacht kein Feuer, sie füllt «Gefäße».

So ist es bis heute. Natürlich nicht immer und überall. Die meisten Menschen verbinden mit ihrer Schulzeit durchaus auch positive Erfahrungen, Erfolgserlebnisse und Glücksmomente. Doch die schönen Erinnerungen haben bezeichnenderweise nie etwas mit der Institution und der darin vollstreckten Pädagogik zu tun, sondern mit einzelnen Lehrern, denen es trotz aller Rahmenbedingungen gelungen ist, daß man sich wohl fühlte.

Jeder dürfte das unwägbare Auf und Ab in bestimmten Fächern kennen. Ich selbst habe mich beispielsweise jahrelang in Mathematik gequält – mehr schlecht als recht. Als wir dann einen neuen Lehrer bekamen – ich glaube, es war in der achten oder neunten Klasse –, war ich plötzlich unter den fünf Besten. Nicht weil er mich bevorzugt hätte oder weil ich über Nacht intelligenter geworden wäre, sondern weil er der gesamten Klasse das Gefühl vermittelt hat, «ihr könnt das, das ist nicht kompliziert, ich habe Vertrauen, ihr werdet das schaffen». Und einige, in diesem Fall gehörte ich dazu, nehmen das besser auf als andere. Da kam einer und ließ mich auf Anhieb ein Zutrauen in die eigenen Fähigkeiten entwickeln: Es ist möglich! Ich kann das! Das hat mich beflügelt.

Um ein solches Zutrauen zu entwickeln, muß man sich angenommen und im buchstäblichen, zumindest aber im übertragenen Sinne «geliebt» fühlen. Das geht jedem Kind und jedem Erwachsenen so. Nicht nur zwischen Verliebten, in der Familie und im Freundeskreis, sondern in jeder Beziehung, auch am Arbeitsplatz und in der Schule, geht es um Kommunikation zwischen Menschen – und Kommunikation hat etwas mit Gefühlen zu tun. Es ist ein Irrtum zu glauben, Pädagogik sei eine bloße Technik, die man sich an der Universität, durch Experten vermittelt, aneignen könne. Wenn es so wäre, könnte man die «Systemeinheit Kind» in letzter Konsequenz mit einem Handbuch ausstatten, in dem für den jeweiligen

«User» alles Wissenswerte über Bedienung, Pflege, Instandhaltung und Wartung aufgezeichnet ist.

Gefühle lassen sich aber nicht verabreichen. Sie müssen zugleich individuell und interaktiv ausgedrückt, empfunden, angenommen werden. Und je besser das gelingt, um so mehr werden Intelligenz und Gedächtnis beflügelt. Wenn ich einen Blackout habe in einer Situation, in die ich emotional nicht besonders verstrickt bin, dann zucke ich mit den Schultern, lenke das Gespräch schnell in eine andere Richtung oder entschuldige mich höflich. Passiert mir das allerdings in einem emotional geladenen Umfeld – etwa während einer Vorstandssitzung –, oder stellt mir jemand, der mir am Herzen liegt, eine Frage, auf die ich keine Antwort weiß, obwohl ich sie wissen sollte, dann bekomme ich eine leichte Rötung in den Wangen. Und genau das ist, was der gute Pädagoge macht: Er schafft Situationen, in denen mein Nichtwissen meine Wangen färbt.

Solche Situationen sind prägend. Es ist im Grunde wie bei Obelix: Obelix ist außergewöhnlich stark und weiß überhaupt nicht, warum. Also fragt er seinen Freund Asterix: «Warum bin ich so stark?» Und Asterix antwortet: «Weil du in den Zaubertrank gefallen bist, als du klein warst.» Darum geht es. Man muß die Kinder im Zaubertrank baden. Das Umfeld macht aus ihnen, was sie sind, entscheidet darüber, ob sie «stark» werden oder nicht. Und stark, im Sinne von selbstbewußt, intelligent, kreativ, phantasievoll, beweglich, werden sie nicht dadurch, daß man sie von Unterrichtsstunde zu Unterrichtsstunde, von Lehrstuhl zu Lehrstuhl hetzt, um Kenntnis auf Kenntnis zu häufen. Dabei läßt sich vielleicht jede Menge Wissen ansammeln, das jedoch, weil es unverbunden und häufig unverstanden bleibt, zwar nicht nutzlos, aber in der buchstäblichen Bedeutung des Wortes «sinnlos» ist. «Ich fürchte», schrieb schon Lichtenberg, «unsere allzu sorgfältige Erziehung liefert uns Zwergobst.»

Wenn ich nicht so ein banaler, prosaischer Autor wäre, der sich schon glücklich schätzte, wenn die Leser dieses Textes bei der Lektüre nicht ins Schwitzen geraten, würde ich vielleicht ein Buch über die Liebe schreiben – wie es so viele schon getan haben, von Drewermann über den Papst bis hin zu den verschiedensten «Spezialisten». Aber wenn man alle diese Bücher und obendrein noch die wichtigsten Romane der Weltliteratur gelesen hätte, wüßte man dann alles über die Liebe? Möglicherweise ja. Doch solange man nicht selbst verliebt war oder – besser noch – ist, *versteht* man von der Liebe gar nichts. Das ist der große Unterschied zwischen Wissen und Verstehen. Einer versteht etwas, der andere glaubt zu wissen. Man sieht aber letztlich nur mit dem Herzen gut.

Bücher, Informationen, Lerninhalte sind kein Ersatz für Erfahrungen. Weil es aber ungleich schwieriger ist, Gefühle zuzulassen und auszudrücken, als Kenntnisse über Nervenbahnen und psychologische Mechanismen zu vermitteln, und weil Ordnung und Disziplin für das Funktionieren der Organisation «Schule» als entscheidend erachtet werden, wird das «Chaos der Gefühle», so gut es irgend geht, aus dem Unterricht verbannt: «Wir müssen draußen bleiben.» Das hat selbstverständlich Konsequenzen. Man könnte überspitzt formulieren: Mit der Einschulung wird den Kindern ihre natürliche Neugier und Beweglichkeit sowie das gerade gewachsene Bewußtsein von Freiheit und das sich gerade entfaltende Wissen um die Komplexität wieder ausgetrieben, abtrainiert. Von nun an wird geordnet, nach Mustern gearbeitet, nach vorgegebenen Profilen, nach Noten – ergebnisorientiert.

Das ist Lernen nach dem Schema der Fabrik zu Beginn der Industrialisierung. Es entspricht aber längst nicht mehr den gesellschaftlichen und wirtschaftlichen Anforderungen – hat ihnen womöglich nie entsprochen. In Wahrheit wissen wir das auch oder verspüren zumindest ein deutliches Unbehagen an der Darreichungsform und dem Inhalt der schon uns und nun auch unseren Kindern verabreichten Bildung. Die Diskrepanz zwischen dem Anspruch, auf das Leben und einen Beruf vorzubereiten, und der Wirklichkeit, in die wir nach Schule und Ausbildung entlassen werden, ist immer größer geworden und vergrößert sich weiterhin.

Doing by Learning: Ein Exkurs

Die Welt ist nicht da, um von uns erkannt zu werden, sondern um uns in ihr zu bilden.
(Georg Christoph Lichtenberg)

Die Notwendigkeit, Lernen, Arbeiten, Weiterbilden, Forschen und Leben miteinander zu verknüpfen, anstatt die Bereiche zeitlich und organisatorisch auseinanderzudividieren, wird ja inzwischen überall beschworen. Und obwohl die Bereitschaft, neue Wege zu gehen, in dem Maße wächst, in dem die traditionellen Wege des Nebeneinanders immer schwerwiegendere Mißstände und deutlichere Brüche hervorrufen, mangelt es nach wie vor an der nötigen Entschlossenheit, einen grundsätzlich neuen Ansatz zu wagen.

So bemühe ich mich – mit einigen anderen – seit meinem Ausscheiden bei Volkswagen, also seit mehr als fünf Jahren, ein neues Bildungsinstitut in Dortmund zu gründen. Über die vielversprechenden Anfänge, das Engagement der Stadt Dortmund und die breite Unterstützung, die mir dabei zuteil wurde, habe ich bereits in meinem letzten Buch berichtet. Dennoch ist die etwa 150 Hektar große Fläche, die für den «Campus Dortmund» zur Verfügung steht, bis heute noch kein lebendiger Ort.

Es ist eine Sisyphosarbeit. Aber das war mir von vornherein klar, und es hat mich nie geschreckt. Kaum ein Traum wird von heute auf morgen zur Realität. Dennoch habe ich das Ausmaß der Schwierigkeiten, die sich einstellen können und, wie das Amen in der Kirche, einstellen werden, wenn man eine komplexe und neue Idee in die Tat umzusetzen versucht und hierbei auf die Hilfe vieler anderer angewiesen ist, vielleicht unterschätzt. Um den konkreten Stolperstein zu benennen, der mich ins Straucheln kommen ließ: Es ist, ganz prosaisch, das Geld. Wurde die Anfangsfinanzierung noch von der Europäischen Kommission, dem Land Nordrhein-Westfalen und dem Bund übernommen, so geriet die zweite Finanzierungsphase schnell ins Stocken. Denn auch jeder weitere Schritt, etwa Infrastrukturmaßnahmen oder die europaweite Akquisition von Firmen, die sich auf dem «Campus»-Gelände niederlassen sollen, kostet Geld, das wir zu einem großen Teil aber gerade nicht aus der öffentlichen Hand empfangen wollen. Während die Beteiligung der Stadt Dortmund nicht in Frage steht, sondern bereits vom Stadtrat genehmigt ist, konnten wir, konnte ich den von vornherein verabredeten privaten Anteil bislang nicht aufbringen.

Ich habe an viele Türen geklopft und mit zahlreichen Unternehmensführern und Konzernchefs zum Teil sehr anregende Gespräche geführt, die mich in meiner Überzeugung stets bestärkt haben, daß der «Campus»-Ansatz richtig ist. Und ich habe für jede einzelne Absage, gerade angesichts der unsicheren ökonomischen Zeiten, großes Verständnis, zumal das Projekt, für das ich werbe, ja noch nicht viel mehr als eine Idee ist. Im Ergebnis bin ich dennoch enttäuscht. Und ein wenig desillusioniert, seit mir ein Bankier meine Probleme beim «Fundraising» wie folgt erklärt hat: «Lieber Herr Goeudevert, so leid es mir tut, aber ich schätze, Sie werden das benötigte Geld nicht zusammenbekommen. Was haben Sie denn schon als Return anzubieten? Wenn Sie noch Chef von VW oder Ford wären, sähe die Sache anders aus. Ihre Geldgeber könnten und würden dann darauf spekulieren, daß sich ihre Freundlichkeit schon irgendwann professionell auszahlen wird.» Wer hat, dem wird gegeben.

Vielleicht mögen in dem einen oder anderen Fall solche Überlegungen tatsächlich eine gewisse, aber sicher keine ausschlaggebende Rolle gespielt habe. Allein, das Prinzip ist mir wohlbekannt. Es ist ja Element vieler Probleme, mit denen ich mich auf den vorangegangenen Seiten befaßt habe. Ich werde mich deshalb nicht damit abfinden – wie sich auch Mohammad Ynus nicht damit abgefunden hat. Das ändert allerdings zunächst nichts daran, daß ich mit dem «Campus»-Projekt bis heute gescheitert bin. Was wiederum nicht bedeutet, daß ich das Projekt aufgebe. Ich bin mir, trotz mancher Rückschläge, sicher, daß es realisiert wird, wenn nicht in Dortmund, dann anderswo in Europa. Es wird kommen.

Einstweilen gehe ich jedoch nach wie vor davon aus, daß das «Center for Advanced Management, Projects and Utility Studies», das ist die Langfassung von «Campus», in Dortmund entstehen wird und daß es auf der oben erwähnten, 150 Hektar großen Fläche bald entsprechend lebendig und quirlig zugeht. Das Gelände soll einmal 120 bis 150 in- und ausländische Firmen, eine Managerschule, Zukunftslabore, Weiterbildungs- und Forschungsinstitute beherbergen, die allesamt eng miteinander verzahnt sein werden. Ein Besucher wird auf den ersten Blick gar nicht erkennen, wo gelernt, wo gearbeitet, wo gelebt wird und wo man sich nur erholt. Die Übergänge zwischen Ausbildung, Forschung, Arbeit und Freizeit sollen so fließend sein, daß sie kaum noch wahrzunehmen sind. Ein durch und durch transparenter und offener Raum.

Wenn glückt, was mir vorschwebt, werden die Menschen, die auf dem «Campus» lernen und arbeiten, dort ein Bad à la Obelix erhalten. Weniger romantisch ausgedrückt: Wir wollen hier internationale Businessleader im dualen Verfahren ausbilden. Statt das duale System zu Tode zu kritisieren, versuche ich, es auf die akademische Ebene zu heben. Die angehenden Manager sollen das ihnen theoretisch vermittelte Wissen sozusagen synchron oder parallel in der Praxis erproben und erweitern können. Und dafür brauche ich die Firmen in allernächster Umgebung, damit sowohl die Lernenden wie auch die Lehrenden permanent mit der Praxis in Verbindung bleiben. Es ist doch eine Binsenweisheit, daß die Professoren heute auf ihren Lehrstühlen sitzen und sich von der Realität der Wirtschaft immer weiter entfernen. Das muß vermieden werden. Deshalb wird auf dem «Campus» jeder Professor entweder voll ins duale Verfahren integriert, das heißt, auch seine Tätigkeit besteht zu je 50 Prozent aus Praxis (Arbeit in den Unternehmen) und Theorie (Lehre und Forschung). Oder aber er wird sich vertraglich verpflichten, nach spätestens vier Jahren die Einrichtung zu verlassen, um mindestens ein Jahr in einer Firma tätig zu werden. Erst danach kann er gegebenenfalls zurückkommen und sich wieder auf seinen Lehrstuhl setzen. Angesichts der Geschwindigkeit der Forschungs- und

Wirtschaftsentwicklung sehe ich darin die einzige Chance, à jour zu bleiben, den Kontakt mit der Wirklichkeit nicht abreißen zu lassen.

Neben dieser Schule ist eine große Anzahl von Seminaren zur Umschulung und Weiterbildung etwa von langzeitarbeitslosen Akademikern vorgesehen. Deren umfangreiches, in der Praxis erworbenes und angewandtes Wissen soll dabei zugleich in den sogenannten Zukunftslaboren genutzt werden, wo in wechselnder Zusammensetzung, aber systematisch über neue gesellschaftliche, ökonomische oder pädagogische Perspektiven nachgedacht wird. Auch in die Arbeit der Seminare und Zukunftslabore werden die angehenden Manager voll integriert. Ein 25jähriger soll sehen und erfahren, daß Menschen sich umschulen lassen, die lange Zeit in der Wirtschaft tätig gewesen sind, danach von neuem sich haben ausbilden lassen, wieder in die Wirtschaft gingen – und so fort. Sie sollen wissen, daß das normal ist und nicht etwa Versagen bedeutet. Ich möchte, daß der Jugendliche, der an meiner Hochschule studiert, tagtäglich mit möglichst unterschiedlichen Menschen in Kontakt ist, auch und gerade mit solchen, deren Beispiel ihn lehrt, daß ein Scheitern kein Grund ist, um in Depression zu verfallen, sondern eine Chance zum Neuanfang eröffnet.

Zu guter Letzt wird es auf dem «Campus» vielfältige Bildungs-, Ausbildungs- und Fortbildungsmöglichkeiten für Menschen geben, die sich in gemeinnützigen Organisationen engagieren. In einer Zeit, in der der Staat immer weniger in der Lage ist, sich um die Gesellschaft in ihrer komplexen Vielschichtigkeit zu kümmern, kommt den gemeinnützigen Organisationen eine immer größere Bedeutung zu. Um ihr gerecht zu werden, müssen sie sich stärker professionalisieren, das heißt, sie benötigen vermehrt Mitarbeiter, die neben ihrem Engagement und ihrer Motivation auch ein hohes Maß an Qualifikation mitbringen. In der Vermittlung solcher Qualifikationen ist mir – neben den inhaltlichen Aspekten – wiederum die «Begegnung» ein wesentliches Anliegen. Die zukünftigen Manager sollen während der Zeit ihrer Ausbildung nicht nur mit Arbeitslosen zusammenarbeiten, sondern auch mit Männern und Frauen, die sich für Greenpeace, für Amnesty International, für ein SOS-Kinderdorf oder für den Wohlfahrtsverband engagieren und ausbilden lassen.

Damit würde sich der Kreis meines Konzeptes, das ich hier nicht selbst zum Thema machen, dessen Umrisse ich aber wenigstens andeuten wollte, schließen. Es entstünde ein Mikrokosmos, in dem man lernt, sich fortbildet oder umschulen läßt, und zwar in einem Umfeld, das keine Enklave bildet, das nichts «Besonderes» hat, das weder ein- noch ausgrenzt. Es darf nicht geschehen, daß jemand die Universität verläßt und plötzlich mit Erschrecken entdeckt, wie die Welt wirklich ist.

Nun wird eine Hochschule sicher nicht das gesamte Bildungssystem umkrempeln. Aber sollte sich das Konzept in der Praxis bewähren, werden ja vielleicht auch die staatlichen Schul- und Hochschulpolitiker Mut fassen und die offen daliegenden Schwächen und Anachronismen der real existierenden Bildung endlich zu beheben versuchen.

Da ich auf diese Schwächen und Anachronismen nur beispielhaft hinweisen und selbstverständlich für die

Schule weder eine alternative Pädagogik noch ein ausgefeiltes neues Curriculum entwerfen kann – das ist mir allenfalls für mein eigenes Hochschulprojekt möglich –, will ich zumindest versuchen, ein paar Grundzüge zu nennen, die mir wesentlich erscheinen, ein paar Konturen zu zeichnen, die vielleicht ein erstes und sei es schemenhaftes Bild ergeben könnten.

Dabei dürfte klar sein – kann aber der herkömmlichen Pädagogik keinesfalls als Entschuldigung dienen –, daß der oben zitierte verwegene Ausruf «Hurra, nie wieder lernen» schon immer eine Selbsttäuschung war, ein Stoßseufzer der Erleichterung, kein ernstgemeinter Vorsatz. Auch in der Vergangenheit folgte auf die Schule eine, wenn auch zumeist recht kurze Phase der Berufsausbildung, des Weiterlernens, bis man ein übersichtliches Maß an Fertigkeiten ausgebildet hatte. Anschließend übernahm man, nicht selten bis zum Lebensabend, einen klar eingegrenzten Aufgabenbereich, der kaum Veränderungen unterworfen war. Wer eine sichere Anstellung hatte, brauchte dann in der Tat nie wieder zu lernen.

Diese Zeiten sind jedoch endgültig vorbei. Bildung ist, das sollte sich inzwischen überall herumgesprochen haben, zum lebenslangen Prozeß, zur lebenslangen Notwendigkeit geworden. Weiterbildung und berufliche Fortbildung sind heute selbstverständlich – sei es, um auf dem Arbeitsmarkt überhaupt bestehen zu können, sei es, um sich für einen Um- oder Aufstieg zu rüsten. Das Lernen hört nie mehr auf. Die entscheidende Frage, die um so drängender wird, je mehr wir wissen *können*, ist und bleibt allerdings, wie und was zu lernen sei.

Unser bisheriges System ging stets davon aus, daß es drei relevante Lebensabschnitte gibt: eine unterschiedlich lange Phase der gemeinsamen schulischen Vorbereitung auf den Beruf und das Leben in der Gesellschaft (in den Industrieländern dauert diese Phase inzwischen zehn bis achtzehn Jahre), anschließend eine lange Phase der Berufsausübung (mit der idealtypischen Unterstellung einer kontinuierlichen Tätigkeit in einem Beruf) und abschließend eine Phase nach Austritt aus dem Erwerbsleben. Weder hat man sich bis heute genügend Gedanken gemacht hinsichtlich der Übergänge von der einen zur nächsten Phase – sieht man einmal von der «dualen» Berufsausbildung in Deutschland ab, wo die jungen Leute ja noch Schüler sind und schon Arbeitnehmer – noch hat man sich gefragt, ob die Funktionstrennung dieser Phasen überhaupt aufrechterhalten werden sollte.

Heute sind die Grenzen bereits verwischt, und zwar ohne daß wir darauf gestaltend und angemessen Einfluß genommen hätten. Die alte Überzeugung beispielsweise, daß man mit der Ausbildung gut 90 Prozent der Qualifikation erworben habe und jeweils vielleicht noch zehn Prozent Anpassungskenntnisse erforderlich seien, um in einem Beruf erfolgreich zu bestehen, ist nur noch töricht zu nennen. Wir dürfen nicht mehr so tun, als ob wir noch den fertigen Mitarbeiter erwarten könnten, ja, wir müssen uns von dieser Anspruchshaltung endgültig verabschieden. Das hat natürlich Konsequenzen auf die innere Struktur der gesamten Ausbildung. Und die beginnt eben in der Schule.

Eine Schule des Lebens

Der Mensch lernt ein Leben lang, mit Ausnahme der Schuljahre. (Gabriel Laub)

Schulen erteilen Noten. Schulen sind fein säuberlich in Klassen gegliedert, und Schulen füttern die Beschulten mit präpariertem Stoff. Die dabei wirksamen Regeln und Prinzipien – nicht der Stoff – gehen in Fleisch und Blut über. Wer während einer Konversation in einer Fremdsprache in Verlegenheit kommt und ein Wort nicht findet, wird vielleicht entschuldigend sagen: «In Englisch (oder Französisch) war ich nie gut, ich hatte eine Fünf.» Wer sich beim Bezahlen in der Kantine oder am Kiosk vertut, bereinigt die Situation schnell mit einem «Sorry, ich hatte eine Sechs in Mathe». Eine solche scherzhafte oder kokette oder beschämte Äußerung, wie wir sie alle schon einmal von uns gegeben haben, ist eine Selbsteinschätzung per Ziffer, die uns das herrschende Schulsystem eingeimpft hat und die wir tief verinnerlicht haben. Man ist inzwischen 40 oder 50 Jahre alt und sagt immer noch «Mathe Sechs». Eine eigenartige Angewohnheit! Ebenso befremdlich ist eine andere Erfahrung, die sicher nicht nur ich gemacht habe. Längst erwachsen, trifft man auf jemanden, den man mag, mit dem man sich etwas zu sagen hat, und stellt verblüfft fest, daß man auf derselben

Schule war. Und obwohl fast gleich alt, ist man sich früher nie bewußt begegnet.

Ich will damit sagen: Ein Wesensmerkmal unserer Schulen besteht darin, daß sie Grenzen ziehen und uns in umzäunten Terrains halten. Ehe wir in die Schule kommen, in den Kindergärten und Maternelles, wie sie in Frankreich heißen, werden solche Alterszäune und Ziffernstigmata viel weniger verwendet. Im Kindergarten kann man erleben, wie Kinder verschiedenen Alters – auch verschiedener Rassen und Klassen – vertraut, spielend, zankend, schöpferisch miteinander umgehen. Die Zeitspannen, innerhalb deren eine Aufgabe bewältigt werden muß, ein Lied gesungen, eine Laterne gebastelt oder gemeinsam eine Lego-Eisenbahn aufgebaut wird, sind nicht fixiert. Das spielende Geschehen bewegt sich innerhalb eines weichen, flexiblen Rahmens: Gemeinsamkeit geht vor Konkurrenz, Rücksichtnahme und Verständigung sind deutlich positiver besetzt als egoistisches Durchsetzen.

Mit dem Eintritt in die Schule werden die Sitten sehr schnell sehr viel rauher. Hier regiert Rivalität, wie in der Wirtschaft, nun werden die Rahmen sowohl fester als auch enger. Selbst die Erstkläßler sind in der Lage, den Unterschied zu benennen. Kurz nachdem mein Enkelsohn Dennis im letzten Jahr eingeschult worden war, habe ich ihn gefragt, was er denn nun, da er vergleichen könne, besser fände: Kindergarten oder Schule? Er hat nicht einen einzigen Moment gezögert: Kindergarten! Und warum ist der Kindergarten besser? Wieder antwortete er mir ohne zu zögern: Im Kindergarten habe ich alles mit den Kindern zusammen gemacht. In der Schule muß ich alles allein machen, und der Lehrer bestimmt.

Ich behaupte: Wenn die im Kindergarten vorherrschende Atmosphäre auch das gesamte Schulsystem prägen würde, hätten wir heute keine Diskussion über die Zukunft der Gesellschaft. Daß es Regeln, Gesetze, einen Handlungsrahmen überall dort geben muß, wo Menschen miteinander und mit ihrer Umwelt in Beziehung treten, steht außer Frage. Doch wie diese beschaffen sind, wozu sie dienen und wie sie ausgelegt werden, steht permanent in Frage.

An einigen Eliteschulen werden diese Fragen bereits heute ganz anders beantwortet als im staatlichen Bildungswesen. Daß es eine gute Idee ist, Unterrichtszeiten flexibel zu handhaben, wissen beispielsweise die Verantwortlichen an teuren englischen Privatschulen schon seit langem. Eine spannende Diskussion wird dort nicht einfach abgebrochen, weil es zur Pause klingelt; umgekehrt wird eine träge und wenig motivierte Klasse, der der Atem ausgegangen ist, nicht stur in die Sitzpflicht genommen, sondern schlicht aus dem Unterricht entlassen und statt dessen zum Lesen, zum Toben oder zum Sport animiert. Daß solche Verfahren, die es im Ansatz ermöglichen, auf eine sich wandelnde Gruppen- oder Situationsdynamik geschmeidig zu reagieren, die individuelle Souveränität sowie Aufmerksamkeit und Motivation fördern, erfahren die Ausbilder der englischen Elite nahezu täglich – trotz der in anderer Hinsicht größeren Strenge ihres Systems.

Solche Souveränität darf nicht der englischen Elite vorbehalten bleiben. Sie ist zukünftig von jedem einzelnen, ob aus der Ober-, Mittel- oder Unterschicht, gefordert, kann aber letztlich erst abgefordert werden, wenn auch die Voraussetzungen dafür gegeben sind, daß ein jeder diese persönliche Fähigkeit auch ausbilden kann.

Und Souveränität ist nur eine der notwendigen Komponenten eines beweglichen Europäers: Mündigkeit, Teambewußtsein, Kreativität sind ebenfalls gefordert. Doch nach dem Kindergarten, spätestens nach der Grundschule, ist das Spiel, wie schon geschildert, aus, ist für das Spielerische, das bei Kindern das Gefühl stützt, Teil einer Gruppe und in dieser kreativ tätig zu sein, kaum noch Raum und Zeit. Mit der Realschule oder dem Gymnasium beginnt die Diktatur der Noten und Examina. Von nun an ist jeder auf sich gestellt, jeder konkurriert mit jedem, fühlt sich besser oder schlechter je nach «Leistung», und das Gruppengefühl, das einmal erlernt wurde, verkümmert zusehends, führt im passiven Gedächtnis einen Dämmerschlaf. Es bringt keine Vorteile mehr, nur noch der einzelne zählt.

Die soziale Welt wird zur Außenwelt, erscheint als zufällige Beigabe zum Schülerdasein, mal kleiner, mal größer portioniert, in Freundschaften oder außerhalb der Schulmauern, exterritorial. Das läuft auf eine fatale Entwirklichung hinaus, auf eine Segmentierung der Lebenswirklichkeit, deren einzelne Teile nur noch unverbunden und ohne erkennbare Anordnung neben-, über- oder untereinander stehen und die nach der Schulzeit wieder mühsam zusammengefügt werden müssen. Hier hätte die Rede von der Patchwork-Identität ihre zeitlich begrenzte Berechtigung.

Erschwerend kommt hinzu, daß in der Schule wie später im Wirtschaftsleben die Komplexität geringgeschätzt wird. Wo wir auch hinschauen, finden wir Meister der Analyse, des Auseinandernehmens, aber kaum jemanden, der in der Synthese, im Zusammenfügen bewandert wäre, zumal dies ein Autodidakt sein müßte. Vernetztes Denken war noch bis vor wenigen Jahren eine Domäne von vermeintlichen «Spinnern», von esoterischen Außenseitern, die sich gegen die ehernen Gesetze der Logik verschworen hatten. Ironischerweise gewinnt das vernetzte Denken nun um so mehr Anerkennung, je schneller die elektronische Vernetzung der Welt voranschreitet, obwohl das eine mit dem anderen herzlich wenig zu tun hat. Computer mögen vernetzt sein, denken können sie nicht. Bislang jedenfalls.

Es ist immerhin erfreulich, daß sich immer mehr Menschen der Komplexität bewußt werden. Es muß sich nun nur noch bis zur Schule rumsprechen, damit sich dieses Bewußtsein dann auch in neuen pädagogischen Strategien niederschlagen kann: Schulen, an denen sich Teams und Projektgruppen bilden können, an denen es weniger auf Noten ankäme als auf dynamisches Lernen und schöpferische Leistungen, das wären Schulen, wie Europa sie braucht. Vielerorts gibt es dazu schon Ansätze. Schüler legen gemeinsam einen Schulteich an, um Frösche zu beobachten oder Wasserlilien zu erforschen, Schüler führen Theaterstücke auf, engagieren sich in Sozialdiensten oder Umweltschutzorganisationen, erkunden die Lokalgeschichte, geben Nachhilfe für Immigrantenkinder. Wo dies schon heute geschieht, finden die Aktivitäten allerdings zumeist außerhalb des Unterrichts statt; so bleibt das gültige System der Noten, Rivalitäten und Zäune letzten Endes unbeschädigt.

Hat man dieses System «erfolgreich» durchlaufen, betreten viele junge Frauen und Männer nach dem Schulabschluß dann die nächste, sozusagen ultimative Stufe der real existierenden Ausbildung im Kapitalismus. Denn an den Universitäten, die zu Zeiten Humboldts einmal als Zentren des frei tätigen schöpferischen Geistes galten, an denen wissenschaftliche, gesellschaftliche und individuelle Interessen zur Harmonie gebracht werden sollten, wird heute der schon kräftig eingeübte Egoismus zur Meisterschaft «veredelt». Ohne den Zusammenhalt der Schulklasse oder Altersgruppe wird jeder endgültig zum Einzelkämpfer, der sich seinen Lehrplan selbst zusammenbasteln und sich auf dem Campus mit Hilfe seines Ego-Kompasses orientieren muß. Ob man anwesend ist oder nicht, wie oder was man lernt, wie man sein Studium finanziert oder wie lange man studiert, ist eigentlich für niemanden groß von Interesse. Jedenfalls bis zum Examen. Dann sitzt oder steht man plötzlich vor Amtsträgern, die eine Art Endabnahme machen und eine Leistungsfähigkeit beurteilen, deren Entwicklung sie allenfalls sporadisch begleitet haben. Wer alle diese Ego-Proben erfolgreich bestanden hat, wird schließlich diplomiert ins Erwerbsleben entlassen.

Und siehe da: Nach vielen Jahren der Zurichtung und des Lernens betritt unser Absolvent eine Welt, auf die er gar nicht oder nur sehr unzureichend vorbereitet ist. Auf einmal soll er für eine Gemeinschaft arbeiten und im

Sinne der Firma, des Betriebes oder der Behörde «korpo-
rativ» denken – sich also gewissermaßen sozial verhalten
oder zumindest seinen Egoismus zu einem Gruppenego-
ismus ausweiten. Man soll jetzt ein anderes Empfinden
entwickeln und den Firmencharakter zu einem Teil des
eigenen Charakters werden lassen. Nicht mehr der einzelne, aber auch nicht die Gesellschaft, sondern der Betrieb ist nun das Wichtigste, dem alles andere unterzuord-
nen ist.

Das heißt, eine jahrelang eingeübte Haltung erweist
sich genau für jene Praxis als hinderlich, für die sie doch
eigentlich eingeübt worden war. Das führt zu tiefen Ent-
Täuschungen sowohl auf Arbeitnehmer- wie auch auf Ar-
beitgeberseite. Der Eintritt ins Erwerbsleben wird so von
einer großen Hypothek belastet. Denn wo in der öffentlichen Erziehung erleben Schüler Anforderungen, Lern-
und Arbeitsweisen, die gleichsam dazu nötigen, mündig
zu werden und diese Mündigkeit auch sozial zu realisieren? Wo lernen Kinder von der Grundschule an, daß der
Erfolg der Gruppe mehr zählt als der Erfolg des einzelnen?
Wo lernen sie, sich über den Erfolg des anderen genauso
zu freuen wie über den eigenen Erfolg? Die gesamten
Lern- und Sozialisationserfahrungen der jungen Menschen sind doch an einem gegenteiligen Prinzip orientiert,
dem der Konkurrenz. Die Starken sollen gewinnen, und
dabei müssen die Schwachen auf der Strecke bleiben!
Wenn wir dieses Prinzip auf Dauer stellen, in der Pädagogik wie in der Wirtschaft, werden wir alle scheitern.

Wir müssen uns davon lösen, allein auf die Unterschei-
dung von besseren und schlechteren Schülern zu setzen,

diese unterschiedlichen Schüler zu vereinzeln und sie an einem Maßstab zu bewerten. Erforderlich werden Verfahren der Leistungserbringung und -honorierung, in denen auf neue Tugenden Wert gelegt wird. Ich selbst habe mich ja in meinem «Campus»-Projekt, dessen Realisierung eine neue Form von integrativer Ausbildung im Bereich der Wirtschaft darstellt, der Pädagogik angenähert, weil ich herausfinden möchte, ob in der Ausbildung alternative Wege gegangen werden können.

Ich bin davon überzeugt, daß die auf uns zukommenden Veränderungen – das lokale Handeln und das globale Denken, die Schnelligkeit der unterschiedlichen Impulsgebung in unterschiedlichen Teilen der Welt – tiefgehende Anpassungen in unseren Charakterstrukturen erforderlich machen werden. Wir müssen lernen, miteinander zu leben, die Probleme des anderen besser zu verstehen. Und das können wir nur tun, wenn wir uns nicht gegeneinander vereinzeln, sondern von Grund auf die Erfahrung machen, daß wir gemeinsam handeln können und wollen.

Ich habe den Eindruck, daß selbst meine konservativ denkenden Exkollegen mir zumindest in dieser Hinsicht zu folgen bereit sind und mir zustimmen: Ja, die Wirtschaft möchte so handeln! Sie müssen allerdings zur Zeit noch einschränkend ergänzen – und über entsprechende Erfahrungen aus der Praxis habe ich oben ja schon berichtet: Das wird aber weder uns noch unseren Mitarbeiter aufgrund unserer jahrzehntelangen hierarchisch strukturierten Prägung von heute auf morgen gelingen. Aber wir wollen diesen Weg einschlagen.

Hier muß die Schule den Anfang machen, was allerdings darauf hinausläuft, daß die altehrwürdige Institution von Grund auf zu erneuern ist. Das bedeutet nicht weniger, als daß in letzter Konsequenz das gegliederte Schulsystem, das wir in Deutschland haben, abgeschafft werden muß. Denn dieses System ist konkurrenzorientiert aufgebaut, sowohl intern als auch in seiner Struktur mit den Unterscheidungen in eine niedere Hauptschule, eine mittlere Realschule und eine höhere Schule. Statt dessen müßte ein einheitliches Schulsystem her. Auch in diesem würden die Menschen weiterhin unterschiedlich befähigt werden. Sie würden aber, entsprechend dem oben für die Arbeitsorganisation beschriebenen «Margeritenmodell», nicht mehr hierarchisch sortiert, sondern im Medium unterschiedlicher beruflicher Anforderungen differenziert.

Ich bin sicher, daß die akademischen Formen der Bildung in Zukunft nur ihre Funktionen bewahren können, wenn sie ebenfalls in einem dualen System organisiert werden. Wenn man endlich akzeptiert, daß es sich immer auch um Berufsausbildung im engeren Sinne handelt. Denn sobald das akzeptiert ist, wäre auch die Wirtschaft stärker in die Verantwortung zu nehmen; sie müßte die Bereitschaft entwickeln, sich in das Schulsystem einzufädeln. Es ist klar, dabei kann es nicht nur darum gehen, das eigene Interesse zu propagieren. Es reicht nicht aus, hier und da Veranstaltungen durchzuführen, in denen Schüler des Gymnasiums mit der Wirklichkeit von Industrieunternehmen konfrontiert werden. Das Engagement müßte viel weiter gespannt sein.

Bislang ist es doch so, daß die Wirtschaft das Schulsystem als einen Block wahrnimmt. Sie erwartet von Schule und Universität die Bereitstellung eines bestimmten Ensembles an fertigen Qualifikationen, muß aber immer deutlicher feststellen, daß dieses System die jungen Leute eben nicht ausreichend vorbereitet. Das liegt aber nicht nur am System, sondern auch an der antiquierten Erwartungshaltung, die ja zugleich im Widerspruch steht zur allgegenwärtigen Erfahrung von der rapiden Umwälzung von Qualifikationen. Insofern kann das Ausbildungssystem überhaupt nicht mehr in der Lage sein, einen unmittelbar verwertbaren Output zu produzieren. Wenn das aber so ist, dann ergibt sich für eine inhaltliche Abstimmung der Interessen von Wirtschaft und Schule ein ganz neuer Diskussionsrahmen für die Definition eines Curriculums. Denn dann geht es nicht mehr darum, den jungen Menschen ganz spezifische, auf Bedürfnisse eines Unternehmens hin ausgerichtete Qualifikationen zu vermitteln. Es geht dann darum, die eher formal bestimmten Qualifikationen zu finden, die eine angemessene Vorbereitung auf eine sich wandelnde Arbeitsstruktur ermöglichen. Das gibt zugleich der Schule die Absicherung, nicht zum Büttel von partikularen Interessen einzelner Unternehmen zu werden.

Einige meiner Vorschläge mögen vielleicht recht radikal anmuten. Da ich jedoch kein Bildungspolitiker bin, erlaube ich mir, auf diplomatische Rücksichten zu verzichten. Damit aber meine Kritik nicht allzu abstrakt bleibt, will ich die Antiquiertheit unseres Schulsystems noch einmal an einem Beispiel demonstrieren und damit zugleich illustrieren, was unter der oben vielleicht recht nebulös formulierten Bezeichnung «formal bestimmte Qualifikationen» zu verstehen wäre.

Wie spricht Europa?

*Die Grenzen meiner Sprache bedeuten die
Grenzen meiner Welt.* (Ludwig Wittgenstein)

Europa wächst zusammen. Die Globalisierung erfaßt
mehr und mehr Lebensbereiche. Und nicht mehr nur
große, mittlere und sogar kleine Unternehmen, sondern
auch schon einzelne Arbeitnehmer sehen sich internationaler Konkurrenz gegenüber und engagieren sich zunehmend im Ausland. Daß diese Entwicklung an den einzelnen wie an die Betriebe neue Anforderungen stellt, ist
unmittelbar einsichtig – und seit langem beobachtbar und
noch länger absehbar. Reagiert hat aber bislang vor allem
die Wirtschaft, mit zum Teil weitreichenden Konsequenzen, während die Politik, insbesondere die Bildungspoli-
tik, immer noch keinen Handlungsbedarf ausgemacht zu
haben scheint.

Vor kurzem war ich nach Madrid eingeladen, von einer
Firma aus Düsseldorf, die dort inzwischen ihren Sitz hat
und deren etwa 5000 – spanische und deutsche – Mitarbeiter in Englisch kommunizieren. Es ist ein geradezu ur-
wüchsiges deutsches Unternehmen, 150 Jahre alt, aber die
Firmensprache ist die Sprache der internationalen Wirtschaft und des Internets. Ich halte das für vorbildlich, weil
wegweisend in einem zusammenwachsenden Europa,

dessen Vielsprachigkeit mittelfristig zu einem Problem werden wird.

Denn wie viele deutsche Schulabgänger, Universitätsabsolventen oder Berufsanfänger wären spontan in der Lage, also sprachmächtig genug, in einem solchen Unternehmen zu arbeiten? Die Antwort dürfte wenig befriedigend ausfallen, da unsere Bildungssysteme auf derlei – leicht zu identifizierende und «formal bestimmbare» – Qualifikationen eben keinen gesteigerten Wert legen. Das heißt – erstens –, daß die Voraussetzungen für einen interkulturellen Dialog, für eine europäische Wirtschaft und einen europäischen Arbeitsmarkt tatsächlich erst geschaffen werden müßten, und es belegt – zweitens – noch einmal die schon beschriebene Diskrepanz zwischen Schul- und Berufsalltag.

Ich greife einmal einen ehrbaren und hochqualifizierten Berufsstand heraus, an dessen gegenwärtiger Malaise sich das Problem sehr schön verdeutlichen läßt. Nachdem gute Verdienstaussichten und ein hohes Renommee jahrzehntelang einen Run auf das Studienfach Medizin ausgelöst hatten, finden heute Tausende junger Mediziner, teuer und gut ausgebildet an deutschen Fakultäten, keine «Verwendung» mehr im deutschen Gesundheitswesen. Sie bewerben sich an hundert Kliniken, werden abgewiesen, weil der Markt satt und die Konkurrenz enorm ist, und vergeuden ihre in langen Jahren ausgebildete Arbeitskraft bestenfalls als Pharmavertreter, im übelsten und gängigsten Fall, indem sie sich vom Arbeits- oder Sozialamt über Wasser halten lassen oder sich als Taxifahrer oder Kurierbote durchschlagen. Kein junger Arzt, keine junge Ärztin will das. Niemand steckt freiwillig in dieser zwangsverordneten beruflichen Reglosigkeit.

Als diese «Medizinerschwemme» schon nicht mehr zu übersehen war, hat sich die Zentralstelle für Arbeitsvermittlung (ZAV), die Fachkräfte ins Ausland vermittelt, entschlossen, nach alternativen Einsatzmöglichkeiten zu suchen, um den Doktoren eine Chance zu geben. Und die Suche war von Erfolg gekrönt: Es ergab sich, daß es zu gleicher Zeit in Nordnorwegen, ausgerechnet, dramatisch an Ärzten mangelt, so daß die jungen Akademiker dort mit offenen Armen willkommen geheißen werden und sich in der Praxis erproben können.

Das ist an sich eine wunderbare Option. Bevor aber ein Anästhesist oder eine Gynäkologin, die diese Möglichkeit, befristet vielleicht auf zwei bis vier Jahre, ergreifen, ihr medizinisches Handwerkszeug in Tromsø anwenden können, müssen sie zunächst wieder die Schulbank drücken, um in einem staatlich finanzierten Kursus Norwegisch zu lernen. Monatelang pauken die engagierten Emigranten auf Zeit eine äußerst komplizierte Sprache, die sie voraussehbar schon drei Jahre darauf, wenn ein neuer Vertrag sie zurück nach Deutschland oder womöglich in die Niederlande führen wird, nicht mehr anwenden können.

Was für eine Verschwendung an Arbeits- und Lebenszeit. Menschen, die, gäbe es eine europäische Verkehrssprache, eine Lingua franca, längst aktiv ihre Profession ausüben könnten, sitzen in Sprachschulzimmern und pauken in der U-Bahn die norwegische Grammatik. Ist es nicht völlig überzogen, daß ein Anästhesist, eine Agronomin oder ein Brückenbauingenieur unbedingt die Landessprache beherrschen müssen, um – zeitlich befristet – in Norwegen oder Portugal zurechtzukommen? Müssen die Arbeitsämter des vereinten Europa Hunderttausende von «Euros» aufwenden, um Arbeitsuchende in Sprachkurse zu schicken, damit sie lernen, wie «Pylonbefestigung», «Nitratdünger» oder «Ciliarmuskel» auf norwegisch heißen? Und müssen sich die Kinder der Umzügler, die vorher vielleicht Geschichtsunterricht auf spanisch hatten, innerhalb weniger – und kostbarer – Schuljahre auf Dänisch, Französisch oder Schwedisch umstellen? Langfristig liegt die Absurdität des Unterfangens auf der Hand, obgleich diese Form der Mobilität derzeit, kurzfristig, sicher noch nicht anders möglich ist.

In anderen Worten: Ohne die Einführung und Kenntnis einer gemeinsamen Sprache bleiben auch beim Wegfall aller Zollhindernisse die Sprachgrenzen massive Barrieren, die die Europäer am Beweglichwerden hindern. Dabei brauchen wir bloß Augen und Ohren zu öffnen, um zu erkennen, daß es schon heute eine globale Lingua franca gibt, ohne deren Hilfe, wie ohne die Hilfe der elektronischen Datenverarbeitung, nichts mehr geht in Ökonomie, Wissenschaft und Kommunikation: Englisch.

Als Kolonialsprache und als Sprache der internationalen Diplomatie umspannt das englische Idiom längst den ganzen Globus. Wer nicht zumindest ein paar Begriffe und Wendungen beherrscht, bewegt sich, ob er oder sie will oder nicht, am äußersten Rand einer politischen und kommunikativen Weltprovinz. In Englisch verständigt man sich auf internationalen Business-Meetings – auch mit dem Kollegen Lopez bei Volkswagen sind wir bei wichtigen Verhandlungen stets ins Englische geglitten –, Englisch ist die meistverwendete Sprache in allen Organisationen der Europäischen Union und der Vereinten Nationen sowie auch in allen Lobbyisten-Organisationen aus dem sogenannten Nichtregierungsbereich. Englisch ist die Weltsprache der Musik und der Jugendkultur. Auf englisch werden Computer-Manuals verfaßt, Englisch ist der zentrale Code des Internet und die sicher verbreitetste Verständigungsform des weltweiten Tourismus, dieser temporären Völkerwanderung, die der Mobilität der Arbeitskräfte vorauseilt.

Sprachbarrieren wirken wie Zäune. Sinnlich erfaßbar wird dieser Satz in Nordamerika, wo es solche Barrieren nicht gibt und wo, gewissermaßen als Entsprechung, auch um die meisten Gärten und Grundstücke keine Zäune gezogen werden. Die Nachbarn sind einander näher als bei uns in Europa. Eine amerikanische Frau wird bei ihrer neuen Nachbarin mit einem Kuchen auftauchen, um sie zu begrüßen. In deutsche Wohnviertel oder Mietshäuser kann man einziehen oder aus ihnen ausziehen, ohne daß irgend jemand Notiz davon nimmt. Es mag ja sein, daß der amerikanische Small talk eine stupende Oberflächlichkeit hat. Allerdings sollten wir nicht unterschätzen, wie sehr auch eine ganz unverbindliche Ansprache dazu beitragen kann, Menschen willkommen zu heißen und sie in die «Community» aufzunehmen.

Sprachbarrieren sind Zäune, und solche Zäune gehören der Vergangenheit an. Sie sind Relikte aus einer Epoche unproduktiver Egozentrik und verweisen, sofern sie nicht durch ein übergreifendes Idiom ergänzt werden, auf eine

Zeit, in der noch nationalistische Urstände gefeiert und wirtschaftliche «Inzucht» betrieben wurden. Eine gemeinsame Sprache zu sprechen ist der Beginn grenzüberschreitender menschlicher Verständigung sowie die Bedingung der Möglichkeit, Wirtschafts- und Handelsbeziehungen zu etablieren. Sprachen sind mehr als nur Werkzeuge zur Verständigung. Sie sind der Schlüssel zu den anderen Kulturen.

Für mich ist die englische Sprache daher eine Schlüsselqualifikation, einer der kleinsten, aber unabdingbaren gemeinsamen Nenner einer europäischen Infrastruktur im Sektor Bildung und Ausbildung sowie eines europäisch geprägten Arbeitsmarktes. Ich meine damit natürlich nicht das Englisch der Royal Shakespeare Company, eines Charles Dickens oder einer Jane Austen, sondern jene Sprache, wie sie schon heute weltweit als latente Lingua franca existiert, ein pragmatisch-diplomatisches Englisch, auch ein technisch-utilitaristisches. Man könnte es «Neo-Englisch» nennen, worin nichts Abwertendes liegen soll. Dieses Neo-Englisch wäre ein Schlüssel zur Tür aus der europäischen Misere.

Das heutige Europa ist doch für die Europäer so etwas wie ein Paradox. Sie werden einerseits, egal, wo sie sich gerade befinden, feststellen, daß sie sich in einer vertrauten Kultur bewegen, die, trotz der verschiedenen Ausformungen, im Grunde die gleiche ist. Sie können aber andererseits an vielen Orten nicht problemlos, häufig gar nicht kommunizieren. Wieviel anders wäre das, wenn an allen Kindergärten und Schulen der Europäischen Union, das heißt von Anfang der institutionellen Ausbildung an, Englisch als zweite Sprache nicht nur gelehrt, sondern als Unterrichtssprache in vielen Fächern schlicht angewendet würde? Warum sollte man Physik, Mathematik, Geographie, Biologie oder Ökonomie überhaupt auf deutsch oder dänisch lernen, wenn doch längst die meisten relevanten Publikationen dieser Wissenszweige auf englisch veröffentlicht werden? Das ist ja ein wesentlicher Grund dafür, daß uns die anglophone Wissenschaftswelt derzeit in vielen Disziplinen überholt hat.

Ein Euro-Schulunterricht auf englisch würde zugleich, davon bin ich überzeugt, eine englische Verständigungskultur entstehen lassen, die eine Voraussetzung dafür wäre, daß sich auf dem Schulhof, beim Sport oder auf Schülerpartys keiner mehr von vornherein ausgeschlossen fühlen muß, weil er neu dazugekommen ist und die Landessprache noch nicht ausreichend beherrscht. Was in einer neunten Klasse in Lissabon im Biologieunterricht gelehrt wird, wäre einem Lernenden, der aus Stockholm oder Leipzig kommt, nicht fremd, das Lernen könnte bruchlos weitergehen. In einer solchen Schule, an der neue Schüler, egal, aus welchem europäischen Land sie kommen, einem bekannten Idiom und vertrauten Lehrinhalten begegnen, hätten meine Kinder ihre Mäntel ganz sicher nicht anbehalten. Sie hätten sie, ohne zu zögern, ausgezogen und sie neben die Mäntel der anderen Kinder gehängt.

Einen solchen Zustand wünsche ich mir, wenn ich von Neo-Englisch und vom neuen Europa spreche: daß es zu einer vollkommenen Selbstverständlichkeit geworden ist, daß in einem Direktorium, einem Vorstand, an einem

Operationstisch oder im Lehrer- und in den Klassenzimmern einer Schule Englisch gesprochen wird, daß man sich überall in Europa zusammensetzen und einander verstehen kann. Das muß und wird, wie schon einmal gesagt, nicht auf demselben Niveau geschehen wie in der eigenen Muttersprache. Aber es sollte ausreichen, daß jeder sich überall in Europa ohne Verständigungsprobleme bewegen kann.

In der Wirtschaft sind wir praktisch schon soweit, ohne daß wir uns so recht bewußtgeworden sind, daß und wie es eigentlich funktioniert. Es hat sich quasi von selbst ergeben. Ausgangspunkt war sicher jene historische Epoche, in der große britische Handelshäuser den kolonialen Welthandel beherrschten. Damals war Englisch – wie Spanisch oder Französisch – die Sprache der Eroberer, der Colóns. Doch das British Empire hat sich inzwischen weitgehend aufgelöst. Auf kanadischen und australischen Briefmarken findet sich zwar immer noch der Kopf der Queen, aber der globalen Verbreitung der englischen Sprache haftet nicht länger das Stigma der Kolonialzeit an. Englisch sollte deshalb als Chance verstanden und genutzt werden, eine zweisprachige Welt zu gründen. Sie kommt ohnehin auf uns zu und ist ja in vielen Bereichen schon Realität. Je eher wir uns dessen bewußtwerden und je eher wir die Heranwachsenden aktiv darauf vorbereiten, desto besser.

Auf europäischer Ebene gibt es auch bereits begrüßenswerte Projekte, die in die richtige Richtung weisen, aber in meinen Augen nur eine Vorstufe darstellen. Als solche sind sie aber exzellent, weil sie einer alten Einsicht zu hoffentlich neuer Blüte verhelfen. Schon im Mittelalter galt, daß es sowohl für den Meister als auch für den Studenten wesentlich sei, die «terra aliena», das fremde Land zu kennen, um seinen Horizont, seine Weltkenntnis zu erweitern und Erfahrungen zu machen. Und Erfahrung im ursprünglichen Sinne von «Durchwanderung» hat Beweglichkeit geradezu zur Voraussetzung. Solche Mobilität zu fördern, wiederherzustellen, hat sich beispielsweise ein von der Europäischen Kommission mit üppigen 620 Millionen Euro ausgestattetes Programm namens «Leonardo da Vinci» vorgenommen. Es ist ein Aktionsprogramm zur Etablierung einer europäischen Berufspolitik mit folgenden Zielsetzungen: Verbesserung der Qualität und Innovationsfähigkeit der einzelstaatlichen Berufsbildungssysteme, Ausbau der Sprachkenntnisse, Förderung der Chancengleichheit von Frauen und Männern in der Berufsbildung, Bekämpfung der Ausgrenzung durch eine zweite Berufsbildungschance für Benachteiligte.

Im Rahmen dieses Programms können, vermittelt über diverse nationale Organisationen, Nachwuchskräfte – Lehrlinge, junge Arbeitnehmer, Hochschulabsolventen, Bildungsbeauftragte in Unternehmen, öffentliche Entscheidungsträger – mehrmonatige Praktika oder Fortbildungsmaßnahmen im europäischen Ausland antreten. So lernen eine französische Studentin die Arbeit in einem Berliner Verlag und das Leben in Berlin und ein spanischer Bäckerlehrling die Arbeit in einer Londoner Großbäckerei und das Leben in London kennen. Wie wichtig das ist, belegen die oben schon zitierten Zahlen des Statistischen Amtes der Europäischen Kommission, wonach die Mobilität gerade von Jugendlichen fatalerweise eher abnimmt als zunimmt.

Jede einzelne Maßnahme, die geeignet ist, Beweglichkeit zu fördern, ist deshalb zu begrüßen. Für um so bedauerlicher halte ich die Tatsache, daß die Öffentlichkeit von solchen Maßnahmen viel zuwenig Notiz nimmt. Denn ähnlich wie die Vermittlung einer deutschen Anästhesistin nach Nordnorwegen sind die Leonardo-Aktivitäten beispielgebend, wenngleich sie noch unter demselben Handikap leiden, dem der Sprachzäune. Wieviel sinnvoller und effektiver wären all diese und ähnliche Förderprogramme, wenn sie in einem einheitlichen Sprachraum stattfänden, wenn die basale professionelle und private Verständigung von vornherein gewährleistet wäre?

Doch in dieser Hinsicht scheint es neben den politischen vor allem psychologische Barrieren zu geben, die uns etwa von einer Neo-Englisch-Ausbildung unserer Kinder zurückscheuen lassen. Die Koedukation, nicht die zwischen den Geschlechtern, die sich glücklicherweise überall durchgesetzt hat, die aber einmal ebenso undenkbar war wie heute die Koedukation der Sprachen, diese Koedukation also dürfte vielen Bürgerinnen und Bürgern Europas als Schreckgespenst erscheinen. Übrigens ganz sicher nicht ihren Kindern, denn die lernen aller Erfahrung nach um so leichter, je kleiner sie sind. Kinder trinken eine neue Sprache leicht wie Wasser, während sich Erwachsene damit oft schwertun.

Aber das ist nicht der Grund für unsere Skepsis, für unsere Widerstände. Wir sorgen uns vielmehr, wie ich es schon oben zum Thema «Mobilität» beschrieben habe, um unsere «Wurzeln». Was wird aus unserer Sprache, unserer Kultur, unseren Eigenarten und Besonderheiten, wenn alle Grenzen und Abgrenzungen geschliffen sind? Werden sich Eltern und Kinder überhaupt noch verstehen? Werden die jungen Leute noch Goethes «Faust», Schillers «Glocke» oder von mir aus Ingeborg Bachmanns «Anrufung des Großen Bären» kennen oder nur noch Mickey-Mouse-Storys und allerlei englische «Nützlichkeiten»? Das wäre ja eine Kulturkatastrophe! Die Kinder würden doch womöglich die Verbindung zum Besten, was unser Land zu bieten hat, verlieren – zu Dante oder Cervantes, Goethe oder Selma Lagerlöff, Knut Hamsun oder Fernando Pessoa, je nachdem.

Die Befürchtungen sind nachvollziehbar. Jede Öffnung schürt Ängste, jeder Übergang ist mit Unwägbarkeiten und Risiken verbunden. «Niemand» – wenn wir schon bei Goethe sind – «wandelt ungestraft unter Palmen.» Ich glaube aber, daß wir, bei aller berechtigten Vorsicht, nicht nur unsere Kinder unterschätzen, sondern vor allem die Kraft und Bedeutung der Kultur. Gerade aus dieser «Geringschätzung» resultieren in meinen Augen viele Fehlentwicklungen, wie ich sie im Bereich der Wirtschaft kritisiert habe. Die Deutschen beispielsweise empfinden eine tiefe Unsicherheit gegenüber der eigenen Kultur, so daß sie sich einerseits nicht recht auf sie besinnen mögen und sie andererseits durch jeden neuen, fremden Impuls sofort bedroht sehen.

Ich halte das eine für so schädlich wie das andere, weil es uns, so oder so, blockiert. Es hindert uns daran, auf die sich – mit oder ohne unser Zutun – vollziehenden Veränderungen Einfluß zu nehmen, sie nach unseren Überzeugungen und Vorstellungen zu lenken, zu gestalten. Als Kritik oder Vorwurf gewendet, gilt dieses Defizit insbesondere für die Politik, die sich allzuoft in parteipolitischem Gezänk und in wirtschaftspolitischen Rückzugsgefechten verliert und darüber, wie es so schön heißt, ihre Richtlinienkompetenz eingebüßt hat. Während in der Bildungs-, Forschungs- und Technologiepolitik Einfallsarmut oder gar Lähmung herrscht, hechelt man in der Wirtschafts-, Haushalts- und Arbeitsmarktpolitik den vom Markt und den Unternehmen gesetzten «Richtlinien» nur mehr hinterher. Darüber hinaus ist ein dramatischer Mangel an Vernetzung der verschiedenen Politikbereiche zu beklagen – einer Vernetzung, die so dringend gefordert wäre, wenn das Experiment Europa gelingen soll.

Habe ich bis hierher vor allem die Wirtschaft kritisiert, der es an Verantwortungsbereitschaft und Innovationsfähigkeit mangelt, so komme ich nun nicht umhin, festzustellen, daß diese Wirtschaft im Vergleich zur Politik geradezu ein Musterschüler ist, ein Quell des gesellschaftlichen Fortschritts und der Lernfähigkeit. Ich behaupte: Arbeitgeber, Arbeitnehmer und Selbständige, Schüler, Studenten und Auszubildende sind in ihrem tatsächlichen Verhalten schon sehr viel weiter, als es die Regierenden sind und wahrnehmen. Viele sparen schon für das Alter, obwohl es die gesetzliche Rentenversicherung gibt, viele bilden sich in Nischen weiter, suchen Mittel und Wege, um eine Zeitlang im Ausland zu lernen oder zu arbeiten, eignen sich neue Technologien autodidaktisch an. Das heißt, viele haben bereits begonnen, ihr eigenes Leben zu reformieren, bevor die politischen Instanzen überhaupt einen Reformbedarf erkannt haben.

Aber all die einzelnen Aktivitäten bleiben Stückwerk, und Europa bleibt ein Flickenteppich, solange die europäischen Regierungen die vielbeschworenen Gemeinsamkeiten nicht endlich in gemeinsames Handeln – etwa in eine aufeinander abgestimmte Bildungs-, Sozial-, Umwelt-, Steuer- und Wirtschaftspolitik – umsetzen, also einen verbindlichen Rahmen und ein möglichst transparentes Regelwerk vorgeben.

Auf dem Weg nach Europa wird es viele Kurven und Kreuzungen geben. Wollen wir die Orientierung nicht verlieren sowie zeit- und kostenfressende Umwege vermeiden, sollten wir uns möglichst genau bewußtwerden, wo wir herkommen und wo wir hinwollen.

Auf dem Weg nach Europa

Zukunft braucht Herkunft

*Der Fortschritt sagt, wozu der Mensch fähig, die
Kultur, was seiner würdig ist. Die Kultur ist das
Gewissen des Fortschritts. Die Kultur schleift die
Spitzen ab, auf die der Fortschritt die Dinge zu
treiben pflegt. Kultur ist innerer Fortschritt,
Fortschritt äußerliche Kultur.* (Sigmund Graff)

Fassen wir noch einmal zusammen: Der moderne Kapitalismus ist verrückt geworden. Er ist außer Rand und
Band geraten, und das Elend – überwiegend psychisches
auf der Nordhalbkugel, überwiegend physisches auf der
Südhalbkugel –, das auf dem Bodensatz seiner Skrupel-
losigkeit gedeiht, ist zum Erbarmen. Wenn ich hier nun
mehr Beweglichkeit einfordere, mag dies von einigen als
abgefeimte Propaganda, als hinterhältiger Verführungs-
versuch mißdeutet werden: Der Goeudevert schmeichelt
sich erst als Kritiker des Kapitalismus ein – der ich nicht
bin – und entlarvt sich dann doch als dessen größter Für-
sprecher. Frei nach dem Poem des großen zeitgenössi-
schen Lyrikers Robert Gernhardt: «Die größten Kritiker
der Elche sind selber welche.»

Aber – auch wenn dies für alle, denen «klare Verhält-
nisse» lieber sind, schmerzlich sein mag: Es gibt eben
nicht nur schwarz oder weiß, gut oder böse, Schurke oder
Wohltäter. Die Dinge und das Leben sind komplexer.
So geht es mir, ich gebe es ja zu, tatsächlich darum, die
kreativen Kräfte des Kapitalismus freizulegen. Das kann
aber nur gelingen, und das unterscheidet mich von einem

neoliberalen Haudegen, wenn man diesen Kräften ein menschliches Maß gibt. Menschen sind beweglich, sie sind keine Bäume, die untrennbar mit einem Ort verwurzelt und dem immer gleichen Rhythmus des Tages und der Jahreszeiten verhaftet sind. Sie können träumen und über das Gegebene hinausdenken. Wäre es anders, dann würden wir uns immer noch in einer Höhle um ein Feuer scharen. Keine Demokratie ohne den Traum von Freiheit, kein Sozialstaat ohne den Traum von Gerechtigkeit – und keine Luftfahrt ohne den Traum vom Fliegen. Deshalb noch einmal: Mit Träumen beginnt die Realität.

Solange Europa eine Konföderation eigenständiger Staaten ist, die ganz darwinistisch ihren je individuellen Vorteil suchen, solange jeder in Europa seinen «Standort» verteidigt wie eine Bastion, solange wird sich wenig ändern. Der Chor, den wir hier hören, singt den allzu bekannten Refrain: Meine Wirtschaft, meine Ausbildungsplätze, meine Leistungsbilanz, mein Bruttosozialprodukt. Ein Chor der Nationalegoisten. Solange er ertönt, wird das vereinte Europa heillos uneins bleiben. Die gemeinsame Währung, die nun in elf von fünfzehn Staaten der Europäischen Union Gültigkeit hat, ist zwar ein Schritt in die richtige Richtung, aber entscheidend ist die politische Grundhaltung hinter der Einführung des Euro – das Warum und Wozu. Dessen waren sich Architekten der Europäischen Union durchaus noch bewußt. So fand sich schon in den Römischen Verträgen von 1958 die dezidierte Aufforderung, die Wirtschaftspolitiken der Mitgliedstaaten einander anzupassen und Verfahren für die Koordinierung zu entwickeln.

Doch von wirklicher und wirksamer Zusammenarbeit kann bis heute nicht eigentlich die Rede sein. Darin vor allem dürfte eine der wesentlichen Ursachen für das verbreitete Unbehagen und Mißtrauen auch gegenüber dem Euro liegen. Denn ein Europa der Zukunft braucht zweifellos mehr als nur gemeinsames Geld und die Garantie, daß meine Kaufkraft, ganz gleich, wo ich mich aufhalte, auf gleiche Weise befriedigt werden kann. Die Politik träumt von einer Währung à la Dollar und damit zugleich von einem ähnlich flexiblen Arbeitsmarkt wie in Amerika. Nun möchte ich ihr diesen Traum ganz gewiß nicht ausreden, im Gegenteil, halte aber die Zielvorstellung insofern für verwegen, als keinerlei Versuch zu erkennen ist, das Geträumte auch zu verwirklichen.

Die amerikanischen Bedingungen, um keine Mißverständnisse aufkommen zu lassen, sind nicht zu kopieren, weil sie auf eigenem kulturellen und historischen Boden gewachsen sind. Und sie sind auch nur sehr eingeschränkt erstrebenswert, weil das amerikanische System zunehmend Ungleichheit und Armut produziert. Was mich hingegen an Amerika fasziniert, ist die für die Amerikaner charakteristische Beweglichkeit. Die Menschen in den Vereinigten Staaten, in ihrem einheitlichen Sprachraum, mit ihrem Dollar und seiner landesweit einheitlichen Kaufkraft haben schon immer eine ungeheure Flexibilität an den Tag gelegt. Dort geht man ohne weiteres von New York nach Seattle oder San Francisco, um eine Arbeit anzunehmen. Und genau davon sind wir in Europa noch meilenweit entfernt; über dieses Thema wird hier immer noch viel zuwenig nachgedacht.

Ich halte es für unerläßlich, mit der Einführung der Euro-Währung endlich auch die damit gleichzeitig zu gestaltende Veränderung der Lebensverhältnisse auf diesem Kontinent in den Blick zu nehmen, und zwar besonders in der Arbeitswelt. Ohne eine allerorten vergleichbar gestaltete Lohnpolitik wird gar nichts gehen im neuen Europa. Ohne wirtschafts-, steuer- und finanzpolitische Koordinierung, ohne den Abbau von Sprachbarrieren und eine Angleichung der bislang strikt national organisierten Sozialversicherungssysteme wird die nötige Mobilität im Euro-Raum nicht erreicht werden können. Erst am Ende dieser Entwicklung werden die Unterschiede zwischen Amerika und Europa dann in der Tat deutlich weniger ausgeprägt sein.

Damit plädiere ich nicht, um das noch einmal deutlich zu sagen, für eine alles übergreifende Vereinheitlichung, für eine Monokultur, sondern für eine Vielfalt in Harmonie. Kehren wir noch einmal kurz zum Beispiel einer Lingua franca zurück und sehen uns etwa den Umgang der Niederländer mit Sprachen an, die ohne jede Angst vor einer «Überfremdung» durch das Englische so gut wie zweisprachig sind. Das ist nicht das Ergebnis eines gezielten Projekts, sondern verdankt sich im wesentlichen schlicht der Tatsache, daß das holländische Fernsehen die meisten amerikanischen oder englischen Sendungen, insbesondere die beliebten Spielfilme, aber auch Soap operas und Comedy-Shows, im Original mit Untertiteln ausstrahlt. Wenn man abends in einer holländischen Stadt durch die Straßen geht, im Sommer, wenn die Fenster geöffnet sind, hört man aus vielen Häusern englische Dialoge – Fernsehdialoge. Und die kontinuierliche passive Einübung hat dazu geführt, daß Englisch für viele Holländer zur zweiten Sprache geworden ist, die sie gewandt und mit einem gewissen Vergnügen sprechen – ohne daß ihre Schulen ein Euro-School-Programm entwickelt hätten, wie ich es gerade skizziert habe.

Doch trotz ihrer partiellen «Anglisierung» haben die Niederländer keineswegs ihre Kultur verloren. Sie sprechen untereinander nach wie vor ihre eigene Sprache, sie kennen, schätzen und fördern ihre eigene Literatur, sie sind geschichtsbewußt. Durch das Heimischwerden im Englischen haben sie lediglich die Zäune zu anderen Kommunikationsräumen durchlässiger gemacht. Sie können über ihren Horizont hinaussehen und, nicht weniger wichtig, hinausgehen. Genau dies dürfte übrigens – neben der langen Tradition als Handelsnation – einer der Gründe dafür sein, warum sich in den Niederlanden ein hohes Maß an Offenheit, Toleranz und Flexibilität herausgebildet hat – Fähigkeiten, die auch das niederländische «Dialogmodell» befördert haben und ohne Zweifel dazu beitrugen, daß das Land heute auch in wirtschaftlicher Hinsicht als beispielgebend gepriesen wird.

Um aber über den Tellerrand hinausblicken, um mit fremden Einflüssen souverän umgehen zu können, um Veränderungen und Neuerungen gegenüber aufgeschlossen zu sein, muß man einen festen Stand haben. Anders ausgedrückt: Die stets ungewisse Zukunft erscheint um so weniger bedrohlich, je mehr ich mir meiner Herkunft gewiß bin. Und diese Gewißheit scheint in einigen Ländern, zum Beispiel in Deutschland, zumindest erschüttert. Zwar ist hier in jüngerer Zeit immer öfter von der wiedergewonnenen Normalität die Rede, doch belegen die Debatten, die mit solchen Beschwörungsrufen regelmäßig ausgelöst werden, eine tiefe Verunsicherung der Deutschen, die gegenüber ihren Traditionen, die der Satiriker Rudolf Rolfs einmal entsprechend als «Bleisohlen der Geschichte» bezeichnete, ein zwiespältiges Verhältnis haben. Man könnte sagen, daß viele Deutsche aufgrund der zahlreichen Kontinuitätsbrüche während der letzten 100 Jahre – 1871, 1918, 1933, 1945, 1989 –, insbesondere natürlich aufgrund der nationalsozialistischen Vergangenheit, an ihrer Geschichte irre geworden sind.

Daß die Bereitschaft, von einmal eingeschlagenen Wegen abzuweichen und fremdes Terrain zu erkunden, hierzulande weniger ausgebildet ist als etwa in Italien, in Frankreich oder in Amerika, ist ja bestimmt kein genetischer Defekt der Deutschen. Der mangelnde Mut, Neues zu wagen, gründet in meinen Augen nicht zuletzt in einer nicht überwundenen Unsicherheit gegenüber der eigenen Kultur und Geschichte. Der Franzose sieht sich – trotz Algerien- und Indochinakrieg – auch in Krisenzeiten immer noch als Mitglied der «grande nation»; der Italiener ist – trotz ehemaliger «Waffenbrüderschaft» mit den deutschen Nationalsozialisten – gefestigt in seinem Stolz auf das Ideal der klassischen Bürgergesellschaft, das die römische Antike Europa geschenkt hat; der Amerikaner wurzelt – trotz Vietnamtrauma – in den Idealen von Freiheit und Unabhängigkeit sowie in der Gewißheit, diesen Idealen in Form der Unabhängigkeitserklärung und in Form der allgemeinen Bürger- und Menschenrechte zu internationaler Geltung verholfen zu haben.

Und der Deutsche? Er ist sich seiner Geschichte, seiner kulturellen Herkunft, seines Europäertums trotz Goethe und Heine, Kant und Hegel, Beethoven und Bach viel weniger sicher. Ein ungebrochenes Verhältnis zur Tradition ist ihm seit dem «Dritten Reich» nicht mehr ohne weiteres möglich. Alles, was die bundesrepublikanische Nachkriegsgesellschaft erreicht hat, beruhte nicht zuletzt auf der Verdrängung von Schuld; zum Fundament des Wirtschaftswunders gehörte auch die von Alexander Mitscherlich so treffend diagnostizierte «Unfähigkeit zu trauern».

Das hatte zur Folge, daß das kulturelle Selbstverständnis und die daraus erwachsenden schöpferischen Kräfte teilweise verschüttet wurden. Der einst neben dem amerikanischen weltbedeutende deutsche Film verfiel fast völlig. In der Unterhaltungsmusik dominieren Starkult, Selbstinszenierung und eine Technik, die jede noch so unbegabte Person zum Pseudokünstler emporheben kann. Die Nachkriegsliteratur blieb ohne bedeutende Signale und Zeichen für die Zukunft, die Aufarbeitung der nationalsozialistischen Greuel erstarrte bis zum Selbstzweck. Das Mehr an Bildung macht das Weniger an Erziehung in der Schule nicht wett. Und die Massenuniversitäten sind weit davon entfernt, Schmiedestätten für einen neuen geistigen und kulturellen Aufschwung zu sein. Die Geisteswissenschaften stagnieren, während die Naturwissenschaften, je schneller sie voranschreiten, zu Rückschritten im Menschlichen führen.

All diese und viele weitere Symptome sind mehr oder weniger bekannt und werden allenthalben auch mehr oder weniger laut beklagt. Es mangelt allerdings häufig an der nötigen Unbefangenheit, um angemessen darauf zu reagieren. Ich will hier nun natürlich nicht zum historisch aufgeklärten Kampf gegen die Biederkeit des deutschen Films oder der deutschen Unterhaltungsmusik aufrufen. Deren Niveau sei nur am Rande erwähnt. Ich meine vielmehr, daß heute politische und moralische Aufgaben anstehen, die aus einer Position der unvergänglichen Schuld und des chronisch schlechten Gewissens nicht zu bewältigen sein werden. Die heute dramatisch anstehenden Fragen, von der Migrations- und Flüchtlingsproblematik bis zur Biotechnologie, von der Gerechtigkeitslücke bis zum Armutsgefälle, von der Ressourcenknappheit bis zum Multikulturalismus, haben mit dem Nationalsozialismus nichts zu tun; mit dem Vorsatz des «Nie wieder» trägt man nichts zu ihrer Beantwortung bei. Insofern besteht übrigens für mich eine der bemerkenswertesten Veränderungen, die der deutsche Regierungswechsel im letzten Herbst erbracht hat, darin, daß Deutschland nun erstmals von einem Kanzler regiert wird, der nicht einer Generation angehört, die unmittelbar von Krieg und Nationalsozialismus geprägt wurde.

Ich weiß, daß ich mich mit solchen Sätzen in einer deutschen Öffentlichkeit auf gefährliches Terrain begebe. Ich will deshalb, obwohl es mir selbstverständlich ist, gleich hinterherschicken, daß ich damit weder für das Vergessen plädiere noch die Auskunftsfähigkeit der Vergangenheit über Gegenwart und Zukunft für erschöpft halte. Im Gegenteil, ich möchte das Gestern gerade nicht verriegeln, sondern wünsche mir, daß sich der Blick zurück von seiner starren Fixiertheit löst und auch zum Vorgestern, zur gesamten nationalen Biographie hin öffnet. Und zwar nicht, um alte Rezepte wieder auszugraben, sondern um sich von der eigenen Geschichte inspirieren und sie auf unsere gegenwärtige Phantasie wirken zu lassen.

Wer auf die Vergangenheit nur mehr reflexhaft, im politisch korrekten Ritual, mit niedergeschlagenen Augen und Büßergesicht reagiert, der wird sie verdrängen und abspalten wollen, sich also gerade nicht mit ihr auseinandersetzen. Er wird sich statt dessen demonstrativ anderen Traditionen zuwenden und Modelle kopieren, die sich woanders als erfolgreich erwiesen haben und die historisch sozusagen unverfänglich sind.

Die Unzulänglichkeiten einer solchen Imitations-, Übernahme- oder Nachahmungsstrategie habe ich oben bereits am Beispiel von Managementmethoden beschrieben. Noch schwerwiegender sind die Konsequenzen, wenn sich der Veränderungsdrang nicht nur am ökonomischen Erfolg, sondern an gesellschaftlichen und kulturellen Leitbildern orientiert – etwa dem amerikanischen «way of life». Dies läßt sich beispielsweise in Japan noch viel deutlicher beobachten als bei uns. Die Japaner haben sich nach dem Krieg ganz entschieden von ihren historischen Wurzeln «befreit», die eigene Geschichte zur Folklore verkitscht und sich und ihr Land innerhalb einer Zeitspanne von nicht einmal 20 Jahren rigoros amerikanisiert. Diese Abkehr vom eigenen kulturellen Erbe hat nach meiner Überzeugung in nicht unerheblichem Ausmaß zu jener Krise beigetragen, die die japanische Wirtschaft und Gesellschaft bis heute nicht bewältigt haben. Die Japaner haben nicht nur das Vertrauen in die eigene Regierung und die eigene Währung, sie haben auch ihr Selbstvertrauen verloren. Es gibt plötzlich kein Zurück mehr. Man kann sich nicht mehr umsehen und erkennen: Wo komme ich her, um sich mit Hilfe solcher Selbstvergewisserung neu zu orientieren. Wenn man aber zurückblickt, und da ist nichts, oder wenn man zurückblickt und nichts als das Grauen sieht, das Väter und Großväter ausgelöst (oder durchlitten) haben, wird man haltlos: keine Zukunft ohne Herkunft.

Die richtige Antwort auf gegenwärtige und zukünftige Herausforderungen lautet daher: kapieren und nicht kopieren. Wir müssen unsere *eigene* Situation analysieren und, entsprechend dieser Analyse, *eigene* Ziele bestimmen und Konzeptionen entwickeln. In diesem Prozeß werden wir uns zwar verändern. Wir müssen aber nicht genauso sein, genauso denken und handeln wie die anderen. Nur das nicht! Das wäre das Ende jeder Subjektivität, Kreativität und Originalität. Es wäre das Ende eines lebendigen Austauschs verschiedener Menschen oder Gruppen von Menschen, die sich in ihrer Verschiedenartigkeit akzeptieren und sich wechselseitig inspirieren.

Denken und Handeln sind immer Ausdruck von gewachsener Kultur und Geschichte. Nur wer sich dessen bewußt ist und seine Eigenart weder als Makel noch als Privileg begreift, wird selbstbewußt und offen auf andere zu- und mit anderen umgehen können – das heißt, *sowohl* ganz bei sich und sich seiner Herkunft gewiß sein, *als auch* andere in ihrem Gewordensein tolerieren: sowohl als auch, Neugier, nicht Konkurrenz.

Die Sowohl-als-auch-Gesellschaft

> *Gerne will ich Ihnen eingestehen, daß, sowenig
> es auch den Individuen bei dieser Zerstückelung
> ihres Wesens wohl werden kann, doch die
> Gattung auf keine andere Art hätte Fortschritte
> machen können.* (Friedrich Schiller)

Nationalstaat oder Europa? Das ist hier gerade nicht
die Frage. Ich habe noch nie verstanden, warum so
viele Menschen dies als sich wechselseitig ausschließende
«Entweder-oder-Alternative» begreifen. Wir empfinden
und agieren zwar immer auch als Einzelwesen, sind aber
doch von Geburt an zugleich Teil einer Gemeinschaft, der
Familie, fühlen uns darüber hinaus einem Stamm, einer
Landschaft, einer Region, einer Stadt verbunden, gehören
einem Volk oder einer Nation an, sind aber ebenso Mitglied etwa der europäischen und zuletzt der weltweiten
Völker-, Kultur- und Wirtschaftsgemeinschaft. In all diesen Bindungen ruht doch kein Gegensatz, sondern sie ergänzen und durchdringen sich wechselseitig. Keine dieser
«Zugehörigkeiten» ist alleinseligmachend. Der Begriff
«natio» beispielsweise meint ursprünglich etwas ganz Be-
scheidenes: wo man herkommt.

Die Welt besteht heute aus rund 190 Nationalstaaten.
Und in diesen 190 Nationalstaaten gibt es viele Tausende
von Kulturen und Sprachfamilien. Es ist leider offensichtlich, wieviel Konfliktstoff dieser Tatbestand in sich birgt:
Ob in Ruanda oder Nigeria, in Indien oder Indonesien, in

Mexiko oder im ehemaligen Jugoslawien – immer wieder und scheinbar immer öfter verwandelt sich ein friedliches oder auch nur befriedetes Neben- oder Miteinander in ein gewalttätiges Gegeneinander. Die Ursachen hierfür mögen jeweils ganz verschiedenartig sein, die Folgen für die Menschen, für die Gesellschaften, die Volkswirtschaften und für die Umwelt sind in allen Fällen verheerend.

Andererseits gibt es natürlich auch Regionen und Länder, in denen sich eine einstmals konfliktreiche Vielfalt in ein sicher nie ganz konfliktloses, aber ziviles Miteinander entwickelt hat, wenngleich ich fürchte, daß wir nicht annähernd so viele tolerante wie intolerante Gesellschaften benennen könnten. Um so wichtiger ist der Erfolg des europäischen Einigungsprozesses: als Probe aufs Exempel, als Test unserer Gestaltungsmacht und der Gestaltbarkeit unserer Lebensbedingungen, als Einlösung der Hoffnung von Victor Hugo, der die Utopie als «Wahrheit von morgen» bezeichnete – und zuletzt als Bestätigung der bescheidenen Zuversicht des vergleichsweise unbedeutenden Autors dieser Zeilen, daß Träume zur Realität werden können.

Die letzten 50 Jahre in Europa belegen, und mit der Europäischen Union könnten wir diesen Beleg nun endgültig beweiskräftig machen, daß die Lebensqualität zunimmt, je besser man mit seinen Nachbarn kommuniziert. Und man kommuniziert um so besser, je stärker man sich auf die Gemeinsamkeiten besinnt und je weniger man das Eigene zum Trennenden macht, etwa indem man die eigene Sprache, die eigene Kultur, die eigene Wirtschaft als höherwertig betrachtet. Wir müssen anstatt des «Entweder-Oder» das «Sowohl-Als-auch» betonen, wir müssen eine Sowohl-als-auch-Gesellschaft gestalten, in der sich die verschiedenen Kulturen, ohne daß sie ihre Eigenheiten verlieren, in einem lebendigen Austausch befinden. Ökonomisch ist das ja bereits der Fall. Aber gesellschaftlich und individuell gibt es noch einiges zu tun.

Sehen wir uns Deutschland an, wo sich die Menschen recht schwer damit tun, andere kulturelle Strömungen in freundlicher und selbstbewußter Distanz zu tolerieren. Das Fließende, das heißt durchlässige Übergänge, wie sie eine Sowohl-als-auch-Gesellschaft erforderte, scheint den ordnungsliebenden Deutschen nicht sehr geheuer zu sein. Das läßt sich schon in vielen Alltagsszenen, etwa im Straßenverkehr beobachten. Befremdlich für einen Franzosen ist hierzulande zum Beispiel die penible Regulierung eines Kreisverkehrs. In Frankreich finden sich an solchen Rondellen keine Ampeln, wir fädeln uns einfach in den fließenden Verkehr ein. Jeder scheint dabei stets auf den Fehler eines anderen gefaßt zu sein, entsprechend freizügig ist die Regelauslegung. Und es funktioniert, der Verkehr bricht keineswegs zusammen, es kommt nur selten zu Staus. Anders in Deutschland: Hier ist eine große Kreuzung oder ein großer Kreisverkehr undenkbar ohne den Ordnungstakt der Ampeln, ein wahrer Lichterwald. Farbsignale, Rot–Gelb–Grün, sind die Licht gewordene Autorität, die vorgibt, wer wann was zu tun hat. Mir ist allerdings nicht bekannt, daß die Unfallrate in Frankreich nennenswert höher wäre als in Deutschland.

Übertragen wir dieses kleine Beispiel auf Europa, läßt

sich sagen, daß etwa der Wegfall der Zollkontrollen innerhalb der Europäischen Union dem Versuch entspricht, auf Ampeln zu verzichten. Man vertraut auf die Selbstregulierung des Warenverkehrs und darauf, daß die Gesetze, auf die man sich gemeinsam geeinigt hat, auch beachtet werden. Auch hier ist mir nicht bekannt, daß Zollvergehen oder Wirtschaftskriminalität durch diese neue Freizügigkeit zugenommen hätten. Wir sind daher in meinen Augen auf dem richtigen Weg. Durch die Abschaffung von Ampeln, Grenzen und Zäunen gewinnen wir eine größere Bewegungsfreiheit und ermöglichen dadurch fließende, flexible Übergänge, Transiträume zwischen den Kulturen.

Damit sind allerdings erst die Grundvoraussetzungen für einen lebendigen Austausch gegeben. Entscheidend wird sein, was jeder einzelne von uns daraus macht, wie wir uns auf dieser Basis untereinander und miteinander verhalten. Stellen wir uns ein Mietshaus vor: Im Erdgeschoß wohnen Türken, die mehr oder weniger nach den Regeln des Korans leben, die sich anders kleiden, die anders kochen und die andere Musik hören als wir. Im ersten Stock leben Ungarn, die viel Besuch haben und gern bis in die Morgenstunden Feste feiern. In der zweiten Etage wohnen freundliche, aber zurückgezogene Engländer, aus deren Küche es morgens schon nach Mittagessen duftet; und in der Wohnung im dritten Stock schließlich leben Deutsche, die samstags lange fernsehen, am Sonntag Schweinebraten essen und von rauschenden, lauten Festen nicht viel halten.

Das erste, was die unterschiedlichen Bewohner üben

und ausüben müssen, wollen sie eine Hausgemeinschaft werden, ist Toleranz. Und Toleranz meint, den anderen zu respektieren, zu akzeptieren, daß er so ist, wie er ist – nicht besser, nicht schlechter, nur anders. Toleranz meint aber auch Rücksichtnahme: zu wissen und zu akzeptieren, daß der andere um acht Uhr schlafen geht, heißt zwar nicht, daß man selbst ebenfalls um acht sein Licht zu löschen hat, es heißt aber, daß man sich in seinem Verhalten, zumindest bei solchen Aktivitäten, die den Schlaf des anderen stören könnten, ein wenig darauf einstellt.

Dennoch ist Toleranz zunächst einmal eine überwiegend passive Eigenschaft, sie verlangt kein Engagement, sie erlaubt Nähe und Distanz. Nun wird es aber immer wieder Situationen geben, in denen Toleranz allein nicht mehr genügt. Kommt es etwa zu einem Hochwasser oder bricht ein Feuer im Haus aus, ist Solidarität gefordert, ein Zusammengehörigkeitsgefühl, wie man es üblicherweise nur mit Familienmitgliedern, Kollegen oder engen Freunden teilt. Plötzlich sind die Mietparteien aufeinander angewiesen, müssen einander helfen. Der Engländer etwa trägt das Kind der deutschen Frau, die gerade mit ihrem Nachwuchs allein in der Wohnung ist, die Feuerleiter hinunter. Die Türken im Erdgeschoß sind vom Hochwasser am stärksten betroffen und darauf angewiesen, ihr Hab und Gut auf die oberen Etagen zu verteilen. Mitten in einer Party müssen die Ungarn ihre Gläser stehenlassen, um die Engländer, die stets früh zu Bett gehen, zu alarmieren, damit sie vom Feuer nicht im Schlaf überrascht werden.

In solchen besonderen Situationen ist zupackendes Engagement, dynamische Solidarität gefordert, nicht mehr nur passive Toleranz. Hat man sich aber vorher untereinander tolerant verhalten, wird man solche Notsituationen wesentlich besser miteinander bewältigen: Toleranz ist die Bedingung für Solidarität, aus der dann wiederum Sympathie und Empathie erwachsen kann, aber nicht erwachsen muß.

Bezogen auf ein ziviles, kosmopolitisches und multikulturelles Europa bedeutet das, daß als wesentliches Merkmal der Sowohl-als-auch-Gesellschaft die Fähigkeit zu gelten hätte, aus Toleranz Solidarität werden zu lassen. Die Grundlage des neuen Europa, der Neo-Englisch-Welt, wäre also die Toleranz, die uns akzeptieren läßt, daß neben uns Menschen leben, die anders denken, beten, heiraten, feiern, die andere Schönheitsideale haben, andere Speisen zubereiten, andere Musik hören und eine andere Sprache sprechen – ganz so, wie wir inzwischen ja schon alle akzeptieren können, daß manche Leute lieber Nudeln als Kartoffeln essen oder lieber Jeans als Bundfaltenhosen tragen.

Unsere Solidarität hingegen gilt normalerweise zunächst einmal der eigenen Familie, den Freunden, all jenen, mit denen wir uns aufgrund ähnlicher Erfahrungen und Einstellungen verbunden fühlen und denen wir am stärksten vertrauen. Situativ jedoch können und müssen wir diese Solidarität auf andere ausdehnen. In dieser Hinsicht zeigen ja gerade die Deutschen eine immer wieder bewundernswerte Bereitschaft, in akuter Not, sei es Hunger in Afrika, Hochwasser in Mittelamerika oder Frost in Rußland, zu helfen. Die Sach- und Geldspenden, die hierzulande für zahlreiche Hilfsaktionen gewährt werden, erreichen ein Ausmaß, das europa- und weltweit seinesgleichen sucht. Hierbei ist für meinen Geschmack allerdings noch zuviel «schlechtes Gewissen» im Spiel. Echte Solidarität muß sich vor allem auch im Alltag erweisen.

Man muß schon weit in die Geschichte zurückblicken, um ein geeignetes Beispiel für eine tolerante und solidarische Sowohl-als-auch-Gesellschaft zu finden, in der verschiedene Kulturen eine schöpferische Liaison miteinander eingegangen sind. Als Symbol für eine solche Gesellschaft könnte die Alhambra dienen, jene prachtvolle «rote Burg» über Granada im andalusischen Spanien. Dort, in Andalusien, hatten sich im spanischen Mittelalter, während der sogenannten maurischen Periode zwischen dem 13. und dem 15. Jahrhundert, viele Juden niedergelassen. Ihr Weg dorthin war sowenig eine freiwillige Wanderung, wie es die vielen temporären Euro-Völkerwanderungen der Zukunft sein werden. Und gerade die tragischen und katastrophalen Aspekte der jüdischen Diaspora haben sich uns ja unauslöschlich ins Gedächtnis gebrannt. Insbesondere deshalb ist es keineswegs sinnlos, an eine Blütezeit zu erinnern, in der eine hohe Stufe kultureller und religiöser Toleranz und Kooperation erreicht war. Unter Mauren, Juden und spanischen Christen auf der Iberischen Halbinsel bestand zu jener Zeit eine erstaunliche Durchlässigkeit, ein lebendiger Austausch, es herrschten Vielsprachigkeit und eine sich wechselseitig bereichernde religiöse und kulturelle Vielfalt.

Erst als das maurische Granada im Januar 1492 – im Oktober desselben Jahres erreichte bekanntlich Christoph Kolumbus Amerika – von Spanien erobert worden war und die Katholischen Könige Ferdinand und Isabella daraufhin sogleich die Vertreibung der Juden verfügten, war es mit der Vielfalt in Harmonie vorbei. Was von nun an fehlte und sich mit grauenvoller Konsequenz bis in unsere Zeit nicht wieder voll entfalten konnte, war Toleranz. Eine derartige Zäsur kann sich die Geschichte kein zweites Mal leisten.

Das allein wäre Grund genug, warum das europäische Projekt glücken muß. Viele andere, mehr oder weniger gute Gründe hoffe ich auf all den vorangegangenen Seiten einigermaßen überzeugend dargelegt zu haben. Wer mir in dieser Argumentation bis hierhin gefolgt ist, mag deshalb zu Recht fragen: Warum in aller Welt fällt es uns dann so verdammt schwer, auf dem eingeschlagenen Weg zügig voranzukommen? Warum sind die Beharrungskräfte häufig so groß, daß wir sehenden Auges auf eine Krise zusteuern, ohne entschlossene Ausweichmanöver vorzunehmen?

Ich muß gestehen, ich weiß es nicht. Zwar fallen mir zahllose Erklärungen ein – politisches Lavieren, divergierende Interessen und angebliche Sachpositionen, Karrieredenken, Regelungswut und natürlich das liebe Geld –, ich kenne aber keinen einzigen Grund, der ein Zögern wirklich rechtfertigte. Eines weiß ich hingegen genau: An uns, an den einzelnen Menschen liegt es noch am allerwenigsten. Viele von uns sind schon unterwegs, während die, die eigentlich die Richtung vorgeben und voranschreiten sollten, in Abwägung aller erdenklichen Risiken noch immer darüber rätseln, wo es langgeht.

Den Politikern sei daher ein Zitat von Franz Kafka ins

Stammbuch geschrieben: «Es gibt ein Ziel, aber es gibt keinen Weg. Was wir Weg nennen, ist Zögern.» Damit will ich keineswegs einem blinden Aktionismus das Wort reden. Es wurde ja schon viel nachgedacht und noch mehr geredet, es gibt Konzepte, es gibt sogar Visionen. Woran es allerdings dramatisch mangelt, ist Mut. Die Politik ist derart ins Hintertreffen geraten – und hat in einigen Bereichen schon vor der Wirtschaft kapituliert und damit ihr Primat preisgegeben –, daß sie sich scheinbar nicht mehr eigenmächtig aus der Defensive befreien kann. Dies haben die Politiker offenbar auch schon so weitgehend akzeptiert, daß sie sich erst gar nicht mehr bemühen, Richtungsentscheidungen zu treffen und Orientierung zu vermitteln, sondern sich statt dessen jede erdenkliche Mühe geben, vor allem ökonomische Kompetenz zu demonstrieren. Es gibt kaum einen Politiker, der sich nicht den Anstrich eines «Supervolkswirts» zu geben versucht – als sei etwa das Bundeskabinett nur noch so eine Art Vorstand der Deutschland AG.

Ich räume wohlwollend ein, daß dies immerhin der zutreffenden Erkenntnis geschuldet sein könnte, wonach die Welt von morgen in noch viel stärkerem Ausmaß als die Welt von heute und gestern von der Wirtschaft dominiert werden wird. Die Ökonomie ist ja schon gegenwärtig das bestimmende Element aller Gesellschaften, ob global oder national. Aber diese Tatsache als gegeben hinzunehmen und als Schicksal zu akzeptieren kommt einer Selbstaufgabe gleich. Denn die Dominanz der Wirtschaft ist ja Teil des Problems, gerade deshalb müßte die Politik ein Gegengewicht bilden. Wer nur noch starr auf die – ohne

Zweifel eminent wichtige – ökonomische Entwicklung blickt, wie das Kaninchen auf die Schlange, leistet einen politischen Offenbarungseid. Denn die Wirtschaft verfolgt, wie gezeigt, ihre eigenen, und zwar sehr kurzfristigen und kurzlebigen Interessen. Sie kann und will weder eine langfristige Orientierung noch ein gesellschaftliches Modell vorgeben.

Darum geht es aber. Sonst setzt sich weiter fort, was beispielsweise im vergangenen Dezember seinen vorläufigen Höhepunkt erreicht hat, als es, einige Monate nach der Daimler-Chrysler-Hochzeit, in der Öl- und Chemieindustrie sowie im Bankengewerbe zu den größten Fusionen der Weltwirtschaftsgeschichte kam. Ohne im einzelnen darauf einzugehen, kann mit Fug und Recht behauptet werden, daß der Dezember 1998 damit der bislang schwärzeste Monat in der Geschichte der Arbeiterbewegung gewesen sein dürfte. Mit Hinweis auf die Gewinnentwicklung und das Wohl der Aktionäre haben die jeweiligen Sprecher der neuen Mammutkonzerne stehenden Fußes den massiven Abbau von Arbeitsplätzen angekündigt. Von nennenswertem Widerstand ist mir nichts bekannt.

Ich will damit durchaus nicht sagen, daß die Politik eine solche Entwicklung in jedem Fall verhindern und eine Art ethischer Planwirtschaft errichten müßte. Ich kritisiere allerdings, daß keine andere Steuerung mehr erkennbar ist als die betriebswirtschaftliche Navigation in Richtung Profit. Dieser Kurs, mit dem wir erkennbar in ein Sturmtief hineinfahren, bedarf dringend einiger Korrekturen. Um sie vornehmen zu können, müssen wir uns darüber klarwerden – und nicht zuletzt hierfür werden in einer Demokratie Parlament und Regierung gewählt –, welche gesellschaftliche Entwicklung wir nehmen wollen. Und wer das Steuer übernehmen soll.

Wer steuert?

Konjunkturdaten, Aktien- und Wechselkurse, Beschäf-
tigungszahlen und Einkommensniveau, Außenhan-
delsbilanz und Investitionsvolumen, Produktivität und
Ertragslage, Spar- und Konsumquote – all diese und weitere Wortungetüme kennzeichnen die vermeintlich entscheidenden Größen, mit deren Hilfe heute der Entwick-
lungsstand von Gesellschaften gemessen wird. Und auf
ebendieser Grundlage werden dann politische und ökonomische Entscheidungen von erheblicher Tragweite getroffen.

Was für eine Verkürzung! Die Gesellschaft wird immer
mehr zur Ressource, zum Appendix der Wirtschaft. Die
Ökonomie ist nicht länger Mittel zum Zweck, etwa um
den «Wohlstand der Nationen», den ein Adam Smith noch
im Sinn hatte, zu mehren, sondern umgekehrt: Die zu Ab-
satzmärkten und Arbeitskräftereservoirs, zu «Standorten»
degradierten Nationen und Gesellschaften erscheinen
nunmehr ihrerseits als Mittel zum Zweck, um die Gewinne der Unternehmen und den «Wohlstand der Aktionäre» zu mehren.

Das ist mehr als eine Verkürzung, das ist eine Perversion. Die freie Marktwirtschaft droht zu einem bloß noch ökonomischen Regelsystem zu verkommen, das sich von allen gesellschaftlichen Bindungen und Bändigungen «befreit» – außer von der nur beschränkt haftenden «Gesellschaft» der Aktionäre. Die Tatsache etwa, daß die sogenannten fünf Wirtschaftsweisen in ihrem letzten Herbstgutachten auch dem neuen Bundeskanzler die altersschwache Überzeugung auftischen, wonach Arbeitsplätze ausschließlich durch Investitionen geschaffen werden können, ist in meinen Augen ein Beleg für diese Isolierungstendenz. In Ermangelung neuer Konzepte beruft man sich auf alte Theorien – momentan ist der vor mehr als 50 Jahren verstorbene John Maynard Keynes en vogue –, blendet aber das gesamte gesellschaftliche Umfeld, in dem diese Theorie einst entstanden ist wie auch das aktuelle Umfeld, in dem sie heute angewendet werden soll, weitgehend aus. Als hätte das eine mit dem anderen nichts zu tun.

Natürlich *könnten* Investitionen, *könnte* Wirtschaftswachstum gewisse Symptome lindern. Aber eben nur im Konjunktiv. An die Ursachen reicht man mit Investitionsprogrammen nicht heran. Um eine Heilung herbeizuführen, müßte etwas Entscheidendes hinzukommen – entsprechend der alten Weisheit, die unsere fünf Weisen nicht zu kennen scheinen: Zwischen der Wüste und dem Garten macht nicht das Wasser den Unterschied, sondern der Gärtner. Das heißt, ich muß ein Plan, ein Ziel, ein Ideal haben, etwas gestalten wollen. So ist es doch heute allenthalben sichtbar, daß Investitionen in aller Regel zwar die Produktivität und Effektivität erhöhen, aber nur ganz geringfügig für mehr Beschäftigung sorgen. Damit Arbeitsplätze geschaffen werden, müßte der Investor nicht nur betriebswirtschaftlich vernünftig, sondern auch gesellschaftlich verantwortlich handeln. Das heißt, er muß auch Arbeitsplätze schaffen *wollen*, selbst wenn dadurch sein Profit oder der seiner Shareholder am Ende etwas geringer ausfällt.

Wenn dieser Wille nicht vorhanden ist, wird sich trotz aller erdenklichen Investitionsprogramme kaum etwas ändern. Denn es lassen sich, und ich kenne das Geschäft, viel zu viele «schlaue» Wege finden, um profitabel zu investieren, ohne Menschen langfristig zu beschäftigen. In dieser Falle haben wir uns verfangen. Und das hat nichts mit der Globalisierung zu tun, sondern mit einem Mangel an gesellschaftlicher Orientierung und politischer Phantasie.

Die Gewichtung stimmt nicht mehr. Die ökonomische Sphäre scheint, wie schon einmal erwähnt, zum «schwarzen Loch» geworden zu sein, das alles in sich hineinzieht und absorbiert. Auch die Politik ist längst in diesen Sog geraten. Sie agiert kaum noch, sondern reagiert lediglich auf jede Bewegung der Wirtschaft, handelt nur noch aufgrund äußerer Anlässe. Aber die «Reaktion», die es natürlich immer geben muß, ist gerade nicht das Wesentliche, was die Politik zu leisten hätte. Demokratische Lenkung meint, vorauszudenken, eine Richtung, ein Ziel zu benennen, oder zumindest Kurskorrekturen vorzunehmen, nicht die zum Teil hektischen Bewegungen anderer Akteure nach- oder mitzuvollziehen.

Bezeichnend für die falsche Dominanz der Ökonomie

ist zum Beispiel der weitverbreitete Irrglaube, man könne ein Land wie ein Unternehmen führen. Zwar stünde es der Politik durchaus gut an, einiges von der Wirtschaft zu lernen. Tatsächlich ließe sich all das, was ich über die Führung von Unternehmen (Teambildung, Allradantrieb, Margeritenmodell usw.) und die Verantwortung der Unternehmer geschrieben habe, auf die Politik übertragen.

Es darf aber niemals aus dem Blick geraten, daß deren Aufgabenbereich viel weiter gesteckt ist, daß eine Gesellschaft etwas grundlegend anderes ist als die Belegschaft eines «Wirtschaftsraumes». Das pragmatistische Credo des smarten britischen Premiers Tony Blair etwa, wonach politisch nur wichtig und richtig sei, was funktioniere, ist im Grunde nichts weniger als eine Verabschiedung der Politik. Denn entscheidend ist – man kann es gar nicht oft genug betonen, um es aus der Vergessenheit zu reißen –, was wir wollen! Und warum wir das wollen! Erst wenn wir uns darüber im klaren sind, müssen wir uns fragen, wie wir das, was wir wollen, auch erreichen oder umsetzen können. Das heißt, ob etwas «funktioniert», ist zwar eminent wichtig, aber nachgeordnet, weil es eine Grundsatzentscheidung logischerweise voraussetzt.

Wer aber trifft Entscheidungen dieser Art, wenn nicht die hierfür durch demokratische Wahlen legitimierten *und* beauftragten Politiker? Ich wüßte sonst niemand. Insofern darf sich die Politik weder von der Wirtschaft überwältigen lassen noch sich zu dicht an sie anschmiegen. Die legitimen Interessen der Wirtschaft sind nicht identisch mit den sehr viel komplexeren «Interessen» des Staates und der Gesellschaft. Diesen Unterschied zu kennen ist wichtig. Erst aus dieser Kenntnis heraus wird man ein sicheres Rollenverständnis entwickeln können – und lernen, Distanz zu wahren, nicht Gegner, aber Gegenspieler zu sein.

Da dies möglicherweise recht akademisch, vielleicht auch nur blumig klingt, will ich versuchen, das Wechselspiel zwischen Wirtschaft und Politik an einem kleinen Beispiel zu veranschaulichen: Ich hatte mehrfach das Vergnügen, mit der Concorde von Paris nach New York und retour zu fliegen. Und das ist wirklich ein Erlebnis. Es ist das einzige Passagierflugzeug der Welt, aus dem heraus, weil es 14 000 Meter hoch fliegt, man die Rundung der Erde sehen kann. Ein phantastischer Anblick! Es ist aber darüber hinaus auch das einzig verbliebene Passagierflugzeug der Welt, in dessen Cockpit außer den zwei Piloten nach wie vor ein Bordingenieur sitzt. Dieser Ingenieur überwacht alle Funktionen des Flugzeugs und alle Parameter des Fluges. Er hat den Überblick. Die Piloten ihrerseits sind Meister ihres Faches und lenken das Flugzeug – in aller Regel völlig unbeeinflußt vom Ingenieur, routiniert eben. Wenn allerdings Probleme auftreten, wird der Ingenieur plötzlich zur Führungsfigur. Als wir beispielsweise einmal wegen eines Schneesturms nicht in New York landen konnten, ging das Kommando praktisch auf ihn über. Er hat dann auf der Basis seiner Kenntnisse und Erfahrungen sowie auf der Grundlage seines profunden Wissens über den technischen Status quo – Kerosinvorrat, Treibstoffverbrauch etc. – entschieden, nach Kanada auszuweichen und in Montreal zu landen. Das heißt, nicht mehr der Kapitän hat bestimmt, wo es langgeht, sondern der Ingenieur.

Zugegeben, das Beispiel mag eine gewisse Schräglage haben, weil es sehr technokratisch anmutet. Es ist zudem so einfach, daß es sich natürlich nicht ohne weiteres auf die komplexe Organisation einer gesamten Volkswirtschaft übertragen läßt. Die Situation im Flugzeug macht aber unmittelbar deutlich, was in den zumeist weniger eindeutigen Konstellationen des Wirtschaftslebens häufig vergessen wird: 1. Oberste Priorität haben die Menschen, die man befördert – respektive: regiert, beschäftigt, versorgt –, ihre Sicherheit, ihre Unversehrtheit, ihr Wohlergehen; kein Pilot würde, wie zuweilen die Unternehmer, auf die Idee kommen, die Hälfte der Passagiere von Bord zu werfen, nur um, derart entlastet, über dem ursprünglich angesteuerten Ziel so lange kreisen zu können, bis die Landebahn – vielleicht – wieder freigegeben wird. 2. Auftauchende Probleme lassen sich weder ohne und schon gar nicht gegen den Piloten lösen noch dadurch, daß sich der Ingenieur selbst ans Steuer setzt. Denn auch in dem ungewöhnlichen Fall, daß er fliegen könnte, gäbe es dann ja niemanden mehr, der das Gesamtgeschehen steuert und kontrolliert. Piloten und Ingenieur schließen vielmehr eine Art «Bündnis fürs Fliegen», eine Arbeits- und Zweckgemeinschaft zum Wohle und zum Schutz der Passagiere, für die man verantwortlich ist und mit denen man schließlich in derselben Maschine sitzt.

Würden Arbeitgeber, Arbeitnehmer und Politiker dieses Grundgefühl teilen und ähnlich gut miteinander kooperieren – Arbeitgeber als Piloten, denn nur sie können Arbeitsplätze schaffen, Arbeitnehmer als Kopiloten, die die Piloten in ihrer Tätigkeit kontrollieren, ihnen aber auch assistieren, und Politiker als Bordingenieure, die Richtung und Ziel vorgeben –, hätte auch das «Bündnis für Arbeit» schon längst abheben können. Immerhin hat die neue Regierung unter Gerhard Schröder in diesem Punkt ein deutliches Zeichen gesetzt und alle Beteiligten wieder im Cockpit versammelt. Man darf gespannt sein, muß jedoch das Schlimmste befürchten. Denn auch Monate nach dem ersten Arbeitstreffen hat man sich offenkundig noch nicht einmal auf eine Startbahn geeinigt, geschweige denn auf einen Zielflughafen.

Auch ansonsten ist der im Wahlkampf so lautstark bekundete Handlungswille bisher leider weitgehend Programm geblieben. Sozialdemokraten und Grüne hatten sich zwar demonstrativ in die Startblöcke begeben, sind aber immer noch nicht losgelaufen, als sei ihnen, kaum daß der politische Konkurrenzkampf entschieden war, der Sieg als Schrecken in die Glieder gefahren. Nun gut, um der Fairneß willen, einige sind vielleicht doch schon losgelaufen, scheinen aber zu glauben, für einen Geher-Wettbewerb gemeldet zu haben, während in Wahrheit ein Sprint angesetzt ist.

Dabei gab und gibt es nach wie vor gute An- und Vorsätze. Selbst die damals umstrittene Nominierung des auch als Person schnell umstrittenen «Quereinsteigers» Jost Stollmann war für mich ein Schritt in die richtige Richtung. Zwar kann ich nicht beurteilen, ob er ein guter oder schlechter Wirtschaftsminister geworden wäre, und eine Antwort hierauf ist ja auch müßig, nachdem er aufgegeben hat oder zur Aufgabe gebracht wurde, bevor es zum Schwur kam. Aber die Tatsache, daß Schröder auch jenseits parteipolitischer Grenzen nach kompetenten Mitarbeitern zu suchen bereit ist, beweist Mut.

Ich halte es daher für falsch, die Kandidatur Stollmanns im nachhinein auf ein wahltaktisches Manöver zu reduzieren, auf den durchschaubaren Versuch, sich den Anstrich von Modernität zu geben. Obwohl das eine Rolle gespielt haben mag, ist für mich die Signalwirkung einer solchen Entscheidung gar nicht hoch genug einzuschätzen. Die Sozialdemokraten scheinen begriffen zu haben, daß die alten, immer gleichen Strukturen der zunehmenden Komplexität der Welt nicht mehr angemessen sind. Schade nur, daß diese Erkenntnis offenbar noch zu schwach ist, um sich gegen die Beharrungskräfte des Bestehenden durchsetzen zu können.

Dennoch sieht es so aus, als würde die Politik nun allmählich auch jene Lernprozesse nachholen wollen, die die Wirtschaft schon durchlaufen hat. Gerade mit Blick auf das zusammenwachsende Europa geschieht dies allerdings mit einer aufreizenden Langsamkeit – im Geher-Stil eben. Während viele Unternehmen vorangestürmt sind und sich schon längst erfolgreich europäisiert oder «globalisiert» haben, während sich Englisch als Geschäftssprache international etabliert hat, arbeitet die Politik, trotz zunehmender Internationalisierung, weiterhin nach den alten antiquierten Mustern. Ohne eine Heerschar von Dolmetschern beispielsweise ist ein Treffen europäischer Staatschefs oder eine Sitzung des Europaparlaments nach wie vor undenkbar. Außer der gemeinsamen Währung gibt es kein deutliches Signal, daß wir es wirklich ernst meinen mit Europa.

Wie eine konsequente Strategie aussehen könnte, hat etwa der VW-Konzern in den achtziger Jahren demonstriert. In dem Versuch, das Unternehmen aus Wolfsburg international zu gestalten, kam die Konzernführung zu der Überzeugung, daß es nicht ausreicht, Internationalität bloß auszustrahlen, indem man in China, Südamerika, Mexiko, Südafrika investiert und präsent ist, sondern daß die Internationalität ebenso «einstrahlen» und auch die Führung selbst entsprechend besetzt werden muß. So gab es im Vorstand bald neben den Deutschen einen Franzosen, einen Spanier, einen Österreicher und einen Tschechen – fünf verschiedene Sensibilitäten. Ich habe die Zusammenarbeit im Rückblick als sehr produktiv in Erinnerung. Daß Ferdinand Piëch die Vorteile der Internationalität des Konzerns anders nutzte, indem er den ausländischen Standorten mehr Autonomie gab und andere Prioritäten setzte, ändert in meinen Augen nichts am Erfolg dieser Strategie.

Ein solches Vorgehen würde der Politik, die ja keine Produkte verkaufen, sondern Orientierung geben und Perspektiven eröffnen soll, noch weit besser zu Gesicht stehen. Wann hören wir damit auf, die europäische Politik national beeinflussen zu wollen, und fangen statt dessen damit an, auch die nationale Politik europäisch zu gestalten? Wann übergeben wir einem Franzosen das deutsche Verkehrsministerium, einem Deutschen das französische Wirtschaftsministerium, einem Italiener das britische Forschungsministerium? Das wäre kein kleiner Schritt mehr, sondern ein Riesensatz.

Illusorisch? Utopisch? Nein! Ein solcher Tabubruch,

eine solche Innovation war sogar schon einmal in Reichweite, als Potential. Und ich muß hier kleinmütig eingestehen, daß eine derartige Europäisierung auch meinetwegen nicht zur realen Option wurde. Als Rudolf Scharping 1994 Kanzlerkandidat der SPD war, bat er mich, einen französischen Staatsbürger, als designierter Wirtschaftsminister in sein Schattenkabinett einzutreten. Ich sollte sozusagen sein «Stollmann» werden. Zwar fühlte ich mich ungeheuer geschmeichelt, habe ihm aber nach einiger Überlegung eine Absage erteilt: ein Sieg der Vernunft über die Eitelkeit. Ich sagte ihm, daß ich mich trotz all meiner Berufserfahrung als Manager für nicht ausreichend kompetent halte; außerdem könne ich mir schon gar nicht vorstellen, mich im politischen Alltag zurechtzufinden.

Das sollte sich auch schnell bewahrheiten. Denn Scharping ließ nicht locker. Er akzeptierte schließlich den ersten Teil meiner Absage und bot mir statt des Wirtschaftsressorts nun die Europaangelegenheiten an. Es war ihm Ernst. Zwar mögen auch in diesem Fall wahltaktische Überlegungen im Spiel gewesen sein – ich galt damals als erfolgreicher Manager, etwas verrückt vielleicht, aber mit sozialem Feeling –, doch entscheidend war die wirklich mutige Absicht, erstmals eine Regierungsmanschaft mit europäischem Zuschnitt zur Wahl zu stellen. Das imponierte mir. Und selbstverständlich reizte mich das Thema Europa, wie jede Leserin und jeder Leser dieses Buches sofort wird nachvollziehen können.

Also schob auch ich die eigenen Bedenken, den zweiten Teil meiner Absage, beiseite und begab mich in die ungewohnte Rolle eines Wahlkämpfers. Nicht für sehr lange, wie ich gestehen muß. Denn schon eine meiner ersten öffentlichen Aussagen war ein Fauxpas. Als die CDU ihre «Rote-Socken-Kampagne» startete, bat mich «Die Welt» um ein Telefoninterview: Wie halten Sie's mit der PDS? Ich antwortete ganz offen, wie ich es immer getan habe, und wie ich es ganz sicher auch weiterhin tun werde, und erklärte: Vergessen Sie nicht, daß ich Franzose bin und zum Thema Kommunismus ein ganz anderes Verhältnis haben dürfte als die Deutschen. Aus dieser Distanz heraus ist mir das Problem mit der PDS nicht ganz einsichtig. Die Partei ist frei gewählt worden, die einstigen Einheitssozialisten lernen jetzt Demokratie. Das ist doch zu begrüßen. Wenn wir sie nun dämonisieren und aussperren, verhindern wir diesen Lernprozeß. Ich, Daniel Goeudevert, bin deshalb für eine gewisse Zusammenarbeit mit der PDS. – Das habe ich gesagt, ohne die (partei)politischen Folgen dieser Aussage zu bedenken.

Nun, was ist passiert? Zunächst gar nichts. Erst einige Zeit später erhalte ich in der Schweiz einen Anruf aus Bonn: Haben Sie «Die Welt» gelesen? Nein. Die Zeitung vermeldet in großen Lettern: «Berater von Scharping empfiehlt Zusammenarbeit mit der PDS». Natürlich gab es darüber einige Aufregung in der SPD-Zentrale, aber Scharping, ganz Politprofi, beruhigte mich: Machen Sie sich keine Sorgen, so ist die Politik. Mir wurde dennoch klar, daß ich mich in dieser «Kultur» nicht würde zurechtfinden können. Ich habe dann die entsprechenden Konsequenzen gezogen und das Experiment beendet. Viele «Genossen» haben sicher ähnlich tief durchgeatmet wie bei der Aufgabe von Jost Stollmann vier Jahre später.

Als ich in der Wirtschaft war, wurde ich ja auch oft nach meiner Meinung befragt, und die wurde dann veröffentlicht als meine Meinung. Punkt. Man hätte mich fünfzehnmal am Tag aufs Kreuz legen können, hat es aber nicht getan. Nach meiner Aussage im «Spiegel» beispielsweise, ich könne mit einem Tempolimit leben, kam niemand auf die Idee zu schreiben: VW-Vorstand oder gar Autoindustrie fordert Tempolimit. Nein, Goeudevert war's, dieser manchmal querdenkende Franzose. So kam der Vorschlag vielleicht aus einer überraschenden Ecke, denn selbstverständlich wurde ich mit der Branche, in der ich tätig war, identifiziert. Er wurde aber, möglicherweise gerade deshalb, ernsthaft und offen diskutiert.

Eine ähnliche Aussage in der Politik wird hingegen sofort ausgeschlachtet. Und sie wurde, im Falle meines «Fehltritts», eben nicht mir angelastet, sondern Scharping. Man hätte mich ja vorführen können: Der Goeudevert redet Unsinn, er hat keine Ahnung von der deutschen Geschichte, er weiß nicht, wie die Deutschen unter den Kommunisten gelitten haben – das hätte ich ertragen können. Man hat statt dessen aber sogar gewartet, bis die Information sozusagen reif genug ist, nicht um Goeudevert kalt- oder bloßzustellen, sondern um Scharping zu attackieren. Das heißt, was man sagt und wer etwas sagt, ist weniger wichtig, als was das System daraus machen kann. Man ist nicht mehr Herr seiner eigenen Gedanken.

Wer wundert sich da noch über die hölzerne, inhaltsleere, formelhafte Sprache von Politikern, die lieber dreimal überlegen, bevor sie mehr oder weniger eloquent daherreden, ohne wirklich etwas zu sagen. Auch hier, wie in vielen Teilen der Wirtschaft, scheint das «Wie» über das «Warum», scheint die Form über den Inhalt gesiegt zu haben. Damit droht aber so etwas wie politischer Analphabetismus, und zwar nicht nur bei den Wählern, sondern auch bei denen, die sich zur Wahl stellen. Denn wer den Großteil seiner Aufmerksamkeit auf das «Wie» verwendet – Wie verkaufe ich mich oder etwas am besten? –, der wird das «Was» und «Warum» zunehmend aus dem Blick verlieren. Er mag sich zunächst nur verstellen, indem er vermeidet, das zu sagen, was er wirklich denkt – und wird dabei am Ende das Denken selbst verlernen.

Es wäre aber nun, nein, es *ist* die falsche Reaktion, darüber in Verdrossenheit zu verfallen und die Verdorbenheit dieser Welt, der Politiker, der Medien und der Wirtschaft anzuprangern. Es ist unsere Welt, es sind unsere Politiker und unsere Medien. Wir alle stützen und befördern das System, etwa indem wir diejenigen belohnen, die die schönsten Versprechungen und die wenigsten Fehler machen, die das geringste Risiko eingehen und vorgeben, uns den Pelz zu waschen, ohne uns naß zu machen. Wer nehmen will, statt zu geben, wer fordert, statt Forderungen nachzukommen, hat schlechte Karten. Es ist doch eine Tatsache, daß Politiker üblicherweise um so mehr Zuspruch ernten, je weniger sie verändern wollen. Der SPD-Wahlslogan «Wir werden nicht alles anders machen, aber vieles besser» brachte diese Tendenz sehr schön auf den Punkt.

Fünf Mark für den Liter Benzin? Wohl verrückt geworden! Um Gottes willen, nur das nicht! Sicher, Waldsterben, Ozonloch und Erderwärmung sind bedrohlich, aber müssen wir – zumal ja Ursache und Wirkung immer noch nicht zweifelsfrei erforscht sind – gleich so drastische Maßnahmen ergreifen? Wir wollen ja schon, daß etwas dagegen unternommen wird, aber geht das nicht auch ohne unsere Beteiligung? Haben wir nicht ohnehin schon mehr getan als die meisten anderen, die nun erst einmal nachzuziehen hätten? So verständlich solche – manchmal auch berechtigten – Einwände sein mögen: Sie sind es, wir sind es, die das Verhalten von Politikern bestimmen und eine Politik des vorsichtigen Abwartens und der kleinsten Schritte prägen. Dies läßt sich ja leider gerade dramatisch an der Partei der Grünen beobachten, die sich immer «besser» in das bestehende System einfügt und dabei die ungeheuer wichtige Funktion, die sie viele Jahre erfüllt hat, aufzugeben droht.

Ich will damit sagen, daß immer ein Stück Heuchelei im Spiel ist, wenn wir die mangelnde Handlungsbereitschaft unserer Politiker lautstark beklagen und gleichzeitig im stillen denen unsere Stimme verweigern, die unbequeme Wahrheiten aussprechen und zum Handeln auffordern; wenn wir die Verderbtheit der Medien öffentlich anprangern und uns gleichzeitig, ganz privat, mit der Fernbedienung widersprechen, indem wir jenen Sendungen hohe Einschaltquoten bescheren, in denen die eben noch kritisierte Verderbtheit – Oberflächlichkeit, Gewalt, Sex – zum Ausdruck kommt.

Wir dürfen und müssen Kritik üben. Wir dürfen und müssen uns verweigern. Wir dürfen und müssen Forderungen stellen. Wir dürfen und müssen aber auch selbst handeln. Für all die vorhandenen Probleme sind eben nicht nur die Politiker und Wirtschaftsführer verantwortlich zu machen. Denn wir sind es, die das Verhalten von Politikern und Wirtschaftsführern prägen. Sie handeln, insgesamt betrachtet, letztlich immer so, daß wir es ihnen lohnen, daß sie Erfolg haben. Und ob sie Erfolg haben oder nicht, entscheiden wir.

Das heißt, wir können uns nicht aus der Verantwortung mogeln. Denn egal, ob wir aktiv sind, ob wir in ängstlicher oder quengelnder Passivität verharren: Wir sind es, die steuern – so oder so. Erst wenn uns das bewußt ist, können wir unsere Lenkbewegungen an einem Ziel ausrichten. Und dieses Ziel müssen wir selbst definieren oder, anders ausgedrückt: Wir müssen Visionen entwickeln und über das, was gegenwärtig real ist, hinausträumen – um dann das, was wir erträumen, Realität werden zu lassen.

Zum Ende ein Anfang

Nicht weil es schwer ist, fangen wir es nicht an,
sondern weil wir es nicht anfangen, ist es schwer.
(Seneca)

Ich fühle mich als in Frankreich geborener, in Deutschland und in der Schweiz lebender Europäer. Und ich bin davon überzeugt, daß die Mobilität, die meinen Lebensweg bis heute prägt, in Zukunft für sehr viele Menschen prägend sein wird. Aufgrund meiner Erfahrungen beobachte ich einige Aspekte der Entwicklung, vor allem aber die vielen Aspekte des Stillstands in Europa, mit Befremden. Mag sein, daß dies mein Urteil an der einen oder anderen Stelle eintrübt, daß ich manches zu kritisch sehe, anderes wiederum zu unkritisch als wünschenswert begrüße. Aber dies zu kontrollieren und zu beurteilen ist jede Leserin, ist jeder Leser ausdrücklich eingeladen. Ich schreibe schließlich kein Buch, um die sogenannte Neue Mitte zu gewinnen, ich will meine Gedanken nicht «medium» servieren. Würde ich als Autor auf ungeteilte Zustimmung stoßen, hätte ich nichts zu sagen.

Jedes Buch kommt ja zunächst einmal als Monolog daher, wird aber, sofern es ein gutes Buch ist oder sofern auch nur etwas Gutes daran bzw. darin ist, zum Dialog mit dem Leser. Es will nicht bloß nach-gedacht werden, nicht nur zum Mitdenken anregen, sondern zum Weiterdenken animieren. Das kann aber in meinen Augen nur glücken – ich habe versucht, das an einem Beispiel aus meiner eigenen Schulzeit, an meinen geröteten Wangen zu veranschaulichen –, wenn es mir, der ich kein hauptberuflicher Schriftsteller bin, gelungen sein sollte, auch die Gefühle, die ich beim Denken und Schreiben empfunden habe, durch den Text zum Sprechen zu bringen.

Denn gerade aus einem Gefühl, aus einer starken Empfindung heraus ist einmal das Grundmotiv erwachsen, das vorliegende Buch zu schreiben. Als ich 1990, nur wenige Monate nach Öffnung des Eisernen Vorhangs, nach dem Ende der europäischen Teilung, im Gewandhaus das Eröffnungskonzert zur Leipziger Frühjahrsmesse besuchte, kam mir mein erstes Deutsch-Lehrbuch in den Sinn, mit dem ich als neunjähriger Junge pauken mußte. Ein ganzer Abschnitt dieses Schulbuches handelte von Kurt Masur, der ja gerade vor meinen Augen am Dirigentenpult stand. Im Augenblick des Konzerts nun empfand ich, vielleicht aus dieser Erinnerung heraus, gewiß aber aus Faszination über die historischen Ereignisse, die wir gerade miterlebten, als Europäer eigentlich genauso deutsch wie meine deutschen Kollegen. Und ich verspürte – man spielte ein Stück von Tschaikowsky, die Pianistin war eine Russin, und neben mir saßen ein Sachse, ein Holländer und ein Politiker aus Nordrhein-Westfalen – ein starkes Gefühl der Gemeinsamkeit. Eine Gemeinsamkeit in der Kultur, die wir vor lauter vermeintlichen Differenzen viel zu selten betonen, und eine Gemeinsamkeit in der Hoffnung, nein, in der Zuversicht auf ein zusammenwachsendes Europa.

Wir sind auf dem Weg dahin sicher schon ein gutes Stück vorangekommen. Aber noch längst nicht weit genug. Wir machen zu kleine Schritte. Auch deshalb, weil die europäische Idee zwar in allerlei Gremien verhandelt wird, sich aber offenbar noch immer nicht in den Köpfen der Menschen festsetzen konnte. Als beispielsweise kürzlich die ersten Module der internationalen Weltraumstation im All montiert wurden, hat man einen leitenden Wissenschaftler der Dasa nach der europäischen Beteiligung an diesem Projekt befragt. Der Forscher begnügte sich daraufhin keineswegs mit einer Beschreibung der Art und des Umfang des europäischen Beitrags. Nein, er fühlte sich bemüßigt, hinzuzufügen, daß «aber» die Deutschen federführend seien. So what? Genau das meine ich. Ist die Frage der «Federführung» im Falle eines internationalen Projekts nun nicht wirklich, um ein einziges Mal in diesem Buch den berühmten Kriminologen und Ruhrpott-Philosophen Horst Schimanski zu zitieren, «scheißegal»? Ist es offenbar nicht. Und da liegt das Problem.

Das heißt, die psychologische Herausforderung ist mindestens ebenso groß wie die politische. Da das so ist, folge ich, wider besseres Wissen, dem schlechten Beispiel des Dasa-Wissenschaftlers und räume einschmeichelnd ein, daß ich nun wirklich nicht berufen bin, mich zum Lehrer einer Nation aufzuschwingen, die nicht einmal meine eigene ist. Ich weiche statt dessen auf einen deutschen Visionär aus, den ich außerordentlich geschätzt habe und mit dem ich mich in vielem einig wußte. Er ist eines Schlußworts würdig, das eigentlich einen Anfang markiert.

Alfred Herrhausen hat einmal die anspruchsvolle, aber einzig angemessene Haltung definiert, die wir einzuüben hätten, um aus unseren Träumen Realität werden zu lassen: «Wir müssen das, was wir denken, auch sagen, wir müssen das, was wir sagen, auch tun, und wir müssen das, was wir tun, auch sein.»

Ich weiß, wie schwer das zu erreichen ist. Über einige Niederlagen und wenige kleine Siege auf dem Weg dorthin habe ich in diesem Buch ja berichtet. Es ist wie bei Sisyphos: Kaum hat man seinen Stein auf den Gipfel gewälzt, rollt er schon wieder hinunter. Kaum befinden sich Denken, Sprechen, Handeln und Sein im Einklang, bricht die Einheit auch schon wieder auseinander, und die Mühsal beginnt von vorn. Ich weiß aber auch, daß sich die Mühe lohnt.

Wenn es mir hier gelungen ist, diese Gewißheit zu vermitteln und ein wenig Mut zu machen, dann hätte sich am Ende auch die Mühe gelohnt, dieses Buch zu schreiben.

Meinem Lektor Rüdiger Dammann bin ich zu besonderem Dank verpflichtet. Er hat meinen allzeit sprungbereiten Gedanken Zügel angelegt, mich von unbeschwerten Ideenflügen immer wieder auf den harten Boden prosaischer Wirklichkeit zurückgezogen. So konnte er meinen Text ins reine schreiben.